Diego Armando Maradona

México 86

Futbolista legendario, para muchos el mejor de la historia, nació en 1960. Creció en Villa Fiorito, un barrio humilde del de Buenos Aires, Argentina. Allí forjó un estilo, dentro y fuera de la cancha. Talentoso y polémico, mágico y desafiante, enfrentó —y les ganó— tanto a equipos poderosos como a lo que él consideraba "la corrupción de la FIFA". Y también tuvo su lucha personal contra la adicción a la cocaína. Surgido en Argentinos Juniors, jugó en Boca Juniors y en el Barcelona antes de llegar a la cumbre con la camiseta del Napoli, donde ganó dos scudettos y una Copa de la UEFA. Brilló en la selección argentina desde los juveniles —fue campeón del mundo en Japón 1979— hasta la selección mayor, a la que condujo al título en México 1986 y con la que fue subcampeón en Italia 1990, además de jugar los Mundiales de España 1982 y Estados Unidos 1994. En 2010 dirigió al equipo nacional en el Mundial de Sudáfrica. Memorables actuaciones en triunfos contra clásicos rivales —como Inglaterra y Brasil— lo ponen en lo más alto de una categoría reservada a unos pocos: Maradona es un mito viviente.

Daniel Arcucci nació en Puan, provincia de Buenos Aires, en septiembre de 1963. Comenzó su carrera en el diario *Tiempo Argentino* en 1983. A finales de ese año se incorporó al equipo de la revista *El Gráfico*. En la Navidad de 1985 le realizó su primera entrevista a Diego Armando Maradona y, desde entonces, creció entre ambos una sólida relación personal y profesional. Al cumplirse treinta años de aquella primera nota, entrevistador y entrevistado volvieron a pasar la Navidad juntos, en la misma casa de Villa Devoto. Arcucci fue cronista y reportero de Maradona en diferentes lugares del mundo, desde Buenos Aires hasta China, desde Nápoles hasta Dubai, y compartió durante un mes con el futbolista para terminar de darle forma a este libro. Hoy, después de desempeñarse como secretario de redacción en el diario La Nación, trabaja en radio, televisión y colabora con diversos medios nacionales e internacionales. Tenía veintidós años cuando fue enviado especial de *El Gráfico* al Mundial de México 1986, su primer Mundial, y cubrió todos los siguientes, hasta Brasil 2014. Fue realizador de la autobiografía de Maradona, *Yo soy el Diego* (2000), y autor de *Conocer al Diego, relatos de la fascinación maradoniana* (2001).

México 86

Así ganamos la copa
Mi mundial, mi verdad

Diego Armando Maradona

Con la colaboración de Daniel Arcucci

VINTAGE ESPAÑOL
Una división de Penguin Random House LLC
Nueva York

PRIMERA EDICIÓN VINTAGE ESPAÑOL, SEPTIEMBRE 2016

Vintage Español ISBN en tapa blanda: 978-1-101-97390-5

Para venta exclusiva en EE.UU., Canadá, Puerto Rico y Filipinas.

www.vintageespanol.com

Impreso en los Estados Unidos de America
10 9 8 7 6 5 4 3 2 1

A la memoria de mis queridos viejos, don Diego y doña Tota,
que desde el cielo me están dando una gran mano.

A Rocío, mi mujer, que me acompaña siempre.
A José Valiente y Mónica.
A la Abuela Lucy.

A todas mis hermanas: Ana, Kity, Lily, Mary y Caly.
A Benjamín.
A mis hijos.
A mi sobrino Cacho.
A mi sobrino Davu.
A Belén.

Al Papa Francisco.
A todos los que luchan por la paz en el mundo.

A Cristina.
A La Cámpora.
A Moreno.
Volveremos, volveremos.

A Fidel.
A Raúl.
A Maduro.

A Ortega.
Al ministro Malmierca.
A Javier Sotomayor y todo el pueblo cubano.
A los pueblos originarios.
A la memoria de Chávez.
A la memoria del Che.

Al sheik Mohamed bin Rashid Al Maktum.
Al principito Hamdam bin Mohamed Al Maktum.
A la princesa Haya bint Al Hussein.
Al príncipe Alí bin Al Hussein.
Y a todos los sheiks que me brindaron su apoyo.

A los muchachos que trabajan para mí, acá en Dubai:
Nasser, Mohamed, Marawan, Gihad y Abu Baker.
A Al Rumaithi y su familia, de Abu Dabi.

A Matías Morla y Víctor Stinfale, que me sacaron del pozo.

A todos los utileros de la Selección argentina.

Al Negro Enrique.
Al Flaco Menotti.
A Fernando Signorini.
Al Gringo Heinze.
A Palermo.
Al Flaco Schiavi.
Al Pocho Lavezzi.

A la gente de Argentinos.
A la gente de Boca.
A todos los napolitanos y a mi amigo, el Tano Stefano.

A Víctor Hugo y su familia.
A la familia Casillo.
A Valerio Antonini.

A Dubai, que es mi casa.
A la paz y el respeto que hay en los Emiratos Árabes Unidos.

A todos los maradonianos.

PRÓLOGO

ME HACE ILUSIÓN LEER
CÓMO DIEGO CUENTA ESE GOL

por Víctor Hugo Morales

A los pocos metros de iniciar su patriada —era contra Inglaterra el asunto— la electricidad fue creciendo y, como se aprecia en el espacio un plato volador, el extraterrestre con su emblema convocó al pasmo más profundo que el fútbol hubiera provocado jamás.

Hay una especie de trinchera vista desde lo alto del estadio. Un surco en la tierra por el que avanza una potente luz a la velocidad de un cometa. Allá abajo, en el fondo de la olla del Azteca, en la penumbra, Maradona imita lo que a veces puede apreciarse en el cielo. La herida que abre en el azul misterioso un astro incandescente, ahora sucede en la Tierra. Allí va Diego con la bravura del que lleva el estandarte de su ejército en un ataque definitivo. Diego corre entre las laderas de colores ingleses, saltando trampas de piernas que buscan lo imposible. Y planta, como los escaladores en la cima, su bandera.

Valdano, que lo acompañaba desde muy cerca, contaría alguna vez que Diego atinó a pedirle disculpas por no haberle pasado la pelota. Le dijo que no pudo encontrar la forma. Valdano y los futboleros se preguntan aún cómo pudo advertir el detalle durante esa corrida memorable.

En uno de los pupitres del palco de prensa, este cronista de los estadios subrayó la hazaña. "Es la jugada de todos los tiempos", dijo, y luego lanzó las pocas palabras, aquellas del barrilete cósmico, con las que viene remando hace treinta años arropada su carrera por el invento insuperado de Diego.

¿Cuántas jugadas pueden concebirse en la inmediatez de la acción? ¿Qué veía el artista? El número de errores que se arriesgaba a cometer, desde el inicio hasta el portero inglés, es infinito. Las variantes que el relator imaginaba, entre cientos de colegas apretujados, ofrecían un sumario tan amplio que fue abandonando la narración convencional.

"Genio, genio, genio", eran las modestas palabras que acompañaban al intrépido que se iba a lo más alto del mundo, por la cicatriz que abría en el césped... ¿En qué momento decidió Maradona enfilar hacia el arco? El jugador avanza mirando la pelota, pero ¿cuántas piernas, cuántos metros cuadrados de terreno, abarca su visión periférica? Pudo enganchar, frenar, ir hacia el costado, rematar desde lejos. De mil formas la jugada pudo ser una entre billones.

El coraje, la intuición, un Dios detrás del Dios, afirmaría Borges, la hicieron única, definitiva y eterna. Maradona dejó la pelota en el fondo del arco de los ingleses cuando ya la foto era la de la impotencia y la incredulidad.

"Quiero llorar", decía con el puño apretado quien firma este prólogo, lanzado sobre el pupitre, envuelto en cables y auriculares, mientras Maradona se desplazaba hacia un costado de la cancha para celebrar la conquista.

El cuerpo lanzado al placer del grito. El desvarío de una mente que se queda en blanco como si una nube estallara dentro de los párpados cerrados. No fue sólo la jugada. Las emociones de varios años entraron por el pequeño embudo de la razón. Era la hazaña de Diego, del amado Diego de los futboleros. Era el pase a las semifinales del Mundial.

Era contra los ingleses y cientos de pibes que lo hubieran gritado no podían hacerlo, apagadas sus voces cuatro años antes en las heladas tierras de Malvinas. Ocurría en un escenario adverso. Y era la más bella, osada, corajuda e inventiva de las películas que el fútbol había producido en toda su historia.

Treinta años después, el hombre no consigue empobrecer aquella marca. Salta más, corre más rápido, es más resistente, el universo mismo se expande hacia más infinito. Pero con Maradona, no se puede. El asunto es bien complejo: hay que tomar la pelota en el campo propio, esquivar a cuanto rival se le oponga, enfrentar al arquero y dejarla atrapada en la red. Tiene que ser en un Mundial.

Ya que fue citado Borges, autor del cuento "La biblioteca de Babel", aquella que fabulaba con todos los libros posibles, ha de establecerse que en el fútbol Diego hizo posible todos los volúmenes que pueden escribirse del deporte al que exaltó como nadie.

He ahí, en una jugada, el libro de la intuición, el de la osadía, el de la habilidad, y así los del coraje, la fortaleza, la picardía, el genio, la memoria y cuanto sea concurrente a la biblioteca del fútbol.

Cuando iban hacia la cancha caminando en doble fila de jugadores, la arenga de Diego era persistente. Los compañeros recuerdan al capitán que les señalaba de dónde provenían los rivales de ese día. No eran académicas las expresiones. Es el libro del potrero, con su desafío. La desfachatez del que no parece preocupado en el andar marcial hacia una cita que resume la vida de un grupo de hombres. La incitación a la intrepidez, a dar el salto o caer en el vacío. No sabía aún que cuanto les decía a los hombres que comandaba se haría realidad en la conjunción de malicia y arte desplegados por él mismo en las acciones decisivas del partido más emocionante de la historia argentina. Si hubiera dicho "a estos les ganamos como sea", allí estaba el gol con la mano. Si la expresión fue que había que mostrar la calidad del fútbol del país, allí estaba la jugada que no necesita precisiones cuando se dice "la del gol a los ingleses". Sus compañeros no pueden ofrecer textualidades. O quizá sean demasiado fuertes. Pero sostienen que Diego hablaba y hablaba.

Me hace ilusión leer cómo Diego cuenta el gol y ese partido. El Mundial del '86 fue la consagración de un genio que sabía cuánto dependía el reconocimiento de la historia de ese paso por el campeonato del mundo. Eso convierte a la epopeya en una expresión aún más esclarecedora de su grandeza. No fue al amparo de lo imprevisible que es la vida que construyó al mito. Maradona era consciente de su reto. Era un duelo que se preveía. Un asunto de ser o no ser, ante la mirada de todo el mundo. Estaba obligado a dar la talla de una fama a la que todavía le era retaceada la frase del reconocimiento universal. Se preparó como un Rocky Balboa, se ofreció a sí mismo la perfección de su propio cuerpo cincelado en un sacrificio que podía terminar en la nada si no levantaba la Copa. Así de cruel es la vida cuando aún se es el retador. El plano corto de la carrera hacia la pelota del gol con Italia es una secuencia perfecta para demostrar hasta dónde había escalado en su aspiración de ser el mejor. En la forma en que supera la marca, igual a un velocista en los cinco metros finales. En el salto perfecto y armónico para buscar el pique de la pelota arriba, sin esperar la comodidad de que le cayera en el pie. El sentido artístico de su fileteado en la definición.

Es más cómodo a lo humano que no haya una gran expectativa sobre la tarea a cumplir. Ser depositario de la esperanza de millones de personas, en la cita más esperada y temida, es una mochila imposible para los comunes. Pero Diego adelantó que sería el dueño del Mundial y cargó sobre sus hombros la promesa a un país que debía demostrarse ahora que podía ser campeón en cualquier parte, y abastecer sus vitrinas en los tiempos de la democracia. Esa era la meta y si se fallaba el que más explicaciones tendría que ofrecer no sería otro que Diego.

Ha puesto el pecho siempre cuando se trató de jugarse por los demás sin separarse de su origen y su rebeldía. Conciencia de clase que no desdibujaron los castillos y los príncipes que lo convocaron. Pertenecía a su condición de jugador antes que a nada. La oscuridad del atardecer en los potreros como una postal de sus sueños.

Pero ser Maradona es aún lo que tenemos por descubrir cuando él cuenta su historia. Me apresto al disfrute de los lectores, quitando el velo a los tramos de su vida que sólo conocemos en la superficie. Él ante el espejo, la historia, la vida, los compañeros, los técnicos, los adversarios, los estadios, los arqueros, los fotógrafos, hasta quedar de cara a la tribuna como preguntando, al cabo de alguna hazaña, ¿qué más quieren?

Quizá Diego no pueda decir de sí mismo quién es el hombre que cautivó en el programa *De Zurda* a la audiencia de América toda, durante el Mundial de Brasil. La emisión de Telesur no tenía los goles ni las jugadas del Mundial, pero estaba la magia de Maradona. Con sus amigos, su sonrisa y sus peleas con la FIFA corrupta a la que siempre combatió, aun a despecho de todo lo que le quitaban a cada paso, construyó una cita de amor con los telespectadores del continente.

Allí, más en el primer plano, pude apreciar lo difícil que es ser Maradona, el hombre que con la mejor playa del mundo a pocos metros, no tenía el derecho a mojarse los pies en el mar. Pero también la forma cordial de sobreponerse a esa exigencia brutal que no le da tregua, en su relación con los trabajadores de la televisión. El respeto, la cordialidad, la generosidad de Diego ganaron el corazón de las decenas de argentinos y venezolanos que componían el equipo. El hombre, perseguido por la polémica y las confrontaciones, no dejó registrado en un largo mes, de horas de convivencia, un solo gesto de impaciencia o de reproche. Sabía, como cuando salía a la cancha, que ese era su equipo. La última noche, todos esos profesionales entrenados desde atrás de las cámaras y los cables para saber quién es quién entre los divos, le presentaron a Diego la ofrenda de una amistad y gratitud que se convirtió en la postal inolvidable de aquellas semanas.

Persignándose antes de salir al aire, humilde ante cada sugerencia de los cámaras y directores, o tirando córners en los asados a los perplejos arqueros que veían cómo la pelota entraba exactamente por donde él lo anunciaba, la figura de Diego no cesó de crecer en el cariño de quienes lo rodeaban, extasiados ante la experiencia.

Porque allí, en la verdad de la convivencia, ya no era solamente el que camina en doble fila con los ingleses diciendo que este partido, como ningún otro, "este no lo podemos perder, ¿está claro, muchachos? Aquí hay que dejar la vida por los que la dejaron allá, ya saben dónde, somos once contra once y les vamos a pasar por arriba, ¿entienden?". Y camina, con un banderín en la mano y un país detrás.

Tan loco no estaba, ¿no?

Les habla Diego Armando Maradona, el hombre que le hizo dos goles a Inglaterra y uno de los pocos argentinos que saben cuánto pesa la Copa del Mundo…

No sé por qué, pero como me pasó otras veces con otras frases —como aquella de "la pelota no se mancha", el día del partido homenaje en la Bombonera—, se me ocurrió esa para saludar a mi familia en la última Navidad, la de 2015, la primera que pasábamos todos juntos en la casa de siempre, en Villa Devoto, aunque sin mis queridos viejos, don Diego y doña Tota. Muchos creen, todavía, que esas frases me las escribe alguien. Y no, la verdad que no: me salen del corazón y me vienen a la cabeza. Aquella noche, miré al cielo y les agradecí todo lo que ellos me habían dado en la vida, que fue mucho, mucho más de lo que yo les di. Ellos me dieron todo lo que tenían, todo. Y me bancaron siempre, en las buenas y en las malas. Y mirá que tuve varias malas, eh…

Esa noche, alguien, no me acuerdo quién, me regaló una réplica de la Copa del Mundo. Y ahí, cuando volví a tener en las manos ese trofeo dorado, cuando volví a acunarlo como si fuera un bebé, me di cuenta de que habían pasado casi treinta años desde el día que había levantado la Copa de verdad en

México. Y me di cuenta, también, de que esa alegría debe haber sido uno de los mejores regalos que les hice a mis viejos. El mejor regalo. Para ellos y para todos los argentinos. Los que nos bancaron… y los que no nos bancaron también. Porque al final la gente, toda la gente, salió a festejar.

Y me di cuenta, también, de que a medida que pasa el tiempo esa Copa pesa cada vez más. Tres décadas más tarde, esos seis kilos y pico de oro ya parecen toneladas. Y yo no celebro que otro jugador argentino no la haya vuelto a levantar desde 1986, que quede bien clarito. Sería un traidor si lo hiciera. Como sería un traidor si no contara ahora todo lo que vivimos en aquellos días tal cual me sale, tal cual lo siento. Porque así hablo yo, así habla Maradona. Como voy a decir varias veces en este relato, me han pegado en muchos lugares en todo este tiempo, pero en la memoria no.

Y, sí, lo acepto, hay cosas que veo diferentes treinta años después. Creo que tengo derecho. Yo he cambiado mucho, es cierto, y muchos hablan de mis contradicciones. Pero en algo no cambié ni me contradije: cuando me decidí a jugarme por una causa, lo hice y lo di todo. Por eso digo, hoy, que me hubiera gustado que, tantos años después, Bilardo hiciera por mí lo mismo que en su momento yo hice por él. Nada más. Que se hubiera jugado por mí como yo me jugué por él. Porque él sabe mejor que nadie cómo me jugué en medio de la guerra del menottismo contra el bilardismo y del bilardismo contra el menottismo. Me jugué por una causa que tenía que ser de todos. Puse la camiseta por encima de mis gustos, porque a mí el Flaco me llegaba al corazón, aunque no lo dijera públicamente.

El resto está en la historia. Y cada uno lo recuerda como lo siente, como le sale. Por eso digo que esta es mi verdad, la mía. Que cada uno tenga la suya.

Lo único que puedo gritar, para que todos escuchen, y lo único que puedo escribir, para que todos lean, es que tampoco me olvido de que, cuando decía que íbamos a ser campeones, me trataban de loco. Bueno, tan loco no estaba, ¿no?: al final, salimos campeones.

Cómo hicimos para salir campeones es lo que yo voy a contar acá.

Muchos me preguntan por esa famosa frase mía, cuando era un Cebollita y ya llamábamos la atención con un grupo de pibes, a las órdenes de Francis Cornejo. Me habrán visto muchas veces. Salí por la tele, en blanco y negro, más negro que blanco, diciendo: "Mi primer sueño es jugar en un Mundial, y el segundo es salir campeón…". La frase seguía, pero alguno la cortó ahí y todos pensaron que yo estaba hablando de salir campeón del mundo. ¡Y en realidad yo estaba hablando de salir campeón con la octava, con mis compañeros, con mis amigos! Hace poco apareció el video completo: para mí, la octava era como la Selección… Pero, ¿¡qué iba a hablar de salir campeón del mundo si ni televisor tenía!? Eso debe haber sido antes del Mundial '74, ni idea tenía… Así son las cosas, muchas veces.

¿Cómo podía imaginarme, por ejemplo, que iba a estar contando desde un lugar como Dubai todo lo que hicimos en México hace treinta años? ¡Desde Dubai! De Villa Fiorito a Dubai, así ha sido toda mi vida. Y lo agradecido que estoy con esta gente, que me abrió las puertas cuando me las cerraban hasta en mi propio país. Me dieron trabajo, me dieron amor, y me dieron dinero, también. Pero, sobre todas las cosas, yo me adapté a ellos y no ellos a mí. Me dieron mucha tranquilidad cuando más la necesitaba, porque yo venía muy apenado por todo lo que había pasado en 2010, después del Mundial de Sudáfrica.

Me gusta sentarme acá y recordar. Me siento frente a uno de los tantos televisores que tengo en mi casa, acá en la Palmera de Jumierah, y en las mismas pantallas donde veo partidos de fútbol de cualquier rincón del mundo —porque veo todo, todo, desde Italia hasta Inglaterra— vuelvo a ver ahora aquellos de México 86…

Aunque les parezca mentira, no los había vuelto a ver nunca en la vida.

Bueno, los goles a Inglaterra sí, mil veces, porque mil veces los pasaron y mil veces me los mostraron. Pero los otros partidos no. Es la primera vez que los veo de nuevo. Y cuando los vuelvo a ver, minuto a minuto, vuelvo a sentir el dolor de las patadas de los coreanos, a disfrutar el duelo contra los italianos, a embolarme contra los búlgaros, a sentir que hice magia contra los uruguayos, a ver que volé contra los belgas y a disfrutar el festejo contra los alemanes. Vuelvo a ver todo y eso no hace más que sacarme recuerdos y más recuerdos.

Que son los míos, eh. Cada uno recordará todo aquello como quiera. Yo lo recuerdo así. Recuerdo que me preparé para volar. Y volé. Cumplí con lo que dije. Y jugué limpio. Aunque otros me quisieran jugar sucio. A mí la droga me hizo peor jugador, no mejor. ¿Sabés qué jugador habría sido yo si no hubiera tomado droga? Habría sido por muchos, muchos años, ese de México. Fue el momento de mayor felicidad adentro de una cancha.

Ahí, en México, yo puse mis ganas de ganar la Copa del Mundo por encima de cualquier cosa. Dejé de lado al Napoli, dejé de lado mis gustos futbolísticos, le hice entender a mi familia que aquella era la oportunidad. Hablé y hablé con mis compañeros para que todos sintieran lo mismo… Y es el mensaje que le dejo a Messi y a los Messi que van a venir, ojalá, después de Lio.

Cuando venían y me preguntaban para qué estábamos, una vez que nos habíamos instalado en la concentración, que habíamos empezado a entrenarnos como yo quería, ¡co-mo-yo-que-ría!, contestaba: "Para ser campeones del mundo". Y cuando me preguntaban para qué estaba yo, decía: "Para ser el mejor del mundo". No era de agrandado, no. Era de pura confianza. Y para transmitirles confianza a todos los demás. ¿No creían en nosotros? ¿No creían en mí? Agárrense, porque nosotros sí creíamos, yo sí creía. El loco de Maradona creía.

Cuando le hacían la misma pregunta a Platini, contestaba: "No sé, hay que ver el tema de la altura". Cuando le hacían la misma pregunta a Zico, contestaba: "No sé, yo no estoy bien de la rodilla y el equipo se tiene que armar". Cuando le preguntaban a Rummenigge, lo mismo. Y ahí estaban nuestros rivales, mis rivales.

De mí podrán decir cualquier cosa. Pero cuando me propongo algo, lo consigo. Y con la pelota en los pies, yo siempre sentía que iba a conseguir lo que me proponía. Valdano me decía que, cuando yo tocaba la pelota, parecía que le hacía el amor. Y algo de eso había…

Que tuve miedo, ¡claro que tuve miedo! Cuando vos sentís que hay mucha gente atrás esperando que le cumplas un sueño, tenés miedo, ¿cómo no vas a tenerlo?

En esos momentos, que en el Mundial fue un par de veces, antes de la final, por ejemplo, yo pensaba en la Tota, en mi vieja. Y decía —lo decía, no lo pensaba—: "Estoy cagado, Tota, vení a ayudarme, por favor…". Y la Tota no iba a venir en ese momento, porque estaba en Buenos Aires. Porque yo había querido que se quedara, que se quedaran todos, menos mi viejo, porque lo único que me importaba era estar enfocado en jugar. En jugar y en ganar. Eso era lo que me hacía feliz.

Yo era un chico. Y sigo siendo un chico. Me acuerdo bien que aquel Mundial, podés fijarte en los archivos, se lo dediqué a todos los chicos del mundo. Fue lo primero que dije en la conferencia de prensa en el Azteca, cuando me preguntaron a quién se lo dedicaba. A todos los chicos del mundo, contesté, y les mandé un beso.

Antes de eso, antes del festejo con todos los demás, me había encontrado con Carmando, Salvatore Carmando, el masajista napolitano que había llevado conmigo. Me dio un beso en la frente y me dijo:

—Diego, sos campeón del mundo, sos campeón del mundo… ¿Te das cuenta de lo que significa eso?

—No. Sólo me doy cuenta de que soy el hombre más feliz del mundo —le contesté.

Muchos, muchos años después, treinta, me doy cuenta de que ser feliz es hacer felices a los demás. Y creo que los argentinos fueron felices con lo que nosotros hicimos en México. Yo me pude haber mandado muchas macanas —y de hecho me las mandé—, pero nadie, nunca, se va a olvidar de que les metí dos goles a los ingleses, todavía con la herida muy abierta por la guerra de Malvinas, y que levanté esa Copa del Mundo que ningún argentino volvió a levantar hasta hoy.

Nadie, nunca, se va a olvidar de eso. Yo tampoco.

Y, por las dudas, acá lo vuelvo a contar. A mi manera, que seguro es distinta a la de otros. Por eso, les digo, les escribo, les repito: les habla Diego Armando Maradona, el hombre que le hizo dos goles a Inglaterra, y uno de los pocos argentinos que sabe cuánto pesa la Copa del Mundo…

Capítulo I

La Selección que nadie quería

Cuando faltaban días para el Mundial, más o menos en abril del '86, en el país había problemas más importantes que la Selección. Pero, bueno, así somos, así éramos. La política siempre se metió con el fútbol, siempre lo usó, y lamentablemente siempre lo seguirá haciendo. El presidente Raúl Alfonsín había declarado que no le gustaba cómo jugaba la Selección y, a partir de eso, el rumor se empezó a hacer cada vez más fuerte. Se decía que el Gobierno quería voltear a Bilardo y poner a otro. La verdad es que a mí, un día, me llama Rodolfo O'Reilly, que era uno de los tipos de deportes, junto con Osvaldo Otero, y me dice: "Vamos a echar a Bilardo...".

Eran las once de la noche en Italia. Sonó el teléfono, raro, y me lo pasaron. Entonces, le digo:

—Perdone, ¿usted cómo consiguió mi número de teléfono?

—Bueno, nosotros en el Gobierno tenemos los números de todos, ¿vio?

—¿Ah, sí? Olvídeselo, porque yo a usted no le conozco ni la cara y me llama a mi casa a las once de la noche, ¿sabe que son las once de la noche, acá? Y le voy a decir algo más, más importante...

—Disculpe, Diego, ¿qué?

—Que si quieren echar a Bilardo, hagan de cuenta que me están echando a mí. Así que, por si no le quedó claro, no están echando a uno. Están echando a dos. Si se va él, yo también me voy.

Y le corté.

Quiero contar esto ahora para que quede bien claro: yo no lo traicioné a Bilardo cuando me llamaron del Gobierno para voltearlo, y en cambio él me traicionó a mí muchos años después. Casi treinta años después.

En aquellos tiempos yo era de los menottistas, pero levanté la bandera de la causa por el grupo, porque estaba convencido de que este grupo iba a ganar algo. La causa venía maltrecha, venía trastabillando. Yo quería parar la movida en contra y la paré: me había propuesto que a ese equipo lo sacaba adelante. Y lo saqué. ¿Alfonsín? ¿¡Alfonsín iba a estar preocupado por Bilardo con los quilombos que tenía!? Por favor.

Yo me jugaba por la causa, por los muchachos, y por Bilardo también. No era mal tipo. No es que lo estoy diciendo ahora de mala leche, pero para mí, murió cuando se quedó en la AFA, después del Mundial de Sudáfrica, en 2010. Y no me lo va a resucitar nadie. Me dijeron que quiere hablar conmigo, pero no le voy a dar ninguna oportunidad. Ninguna, eh. Aquella vez dije que no era "tocuen", que no era cuento. Y ahora menos. No es "tocuen" todo esto. Es la verdad, es mi verdad.

Claro que nada de eso hará que me olvide de cuando me fue a buscar a Barcelona para contarme su proyecto. Pero una cosa no quita la otra. Y llegó la hora de contar las cosas como fueron, de que se hable más del plantel y no tanto del planteo de Bilardo.

¡Carlos no nos dejaba entrenar! Cuando hablan de la táctica de Bilardo, yo digo: ¡por favor!, si un día antes del partido contra Corea no sabíamos cómo íbamos a jugar; no sabíamos si Burruchaga iba a jugar por la izquierda o por la derecha, si el Checho iba a cubrir por el medio o por el costado...

Pero también es muy cierto, sí, que Bilardo me fue a buscar cuando nadie pensaba en mí. Nadie.

Quería la revancha

Todos estaban más preocupados por Passarella que por Maradona y el tipo se me apareció en Lloret de Mar, pero fuera de temporada. Era marzo del '83 y todavía estaba fresco. Pero yo no sentía ni frío ni calor; lo único que me interesaba era entrenarme para volver a jugar. Llevaba casi tres meses afuera por la puta hepatitis, que me había agarrado en diciembre del '82. Habíamos hecho una pretemporada especial con un profe del Barça, Joan Malgosa, y me hacía compañía Próstamo, que había sido compañero mío en Argentinos. Me faltaba poquito para volver a tocar una pelota después de tanto tiempo y estaba ansioso. Además, también estaba ansioso porque se decía que se iba el DT, el alemán Udo Lattek, que nos volvía locos con los trabajos físicos y se olvidaba de la pelotita, y que llegaría el Flaco Menotti. Para mí, era una bendición. Por fin me iba a sentir cómodo en el Barça. Todo era motivación para mí.

Bilardo cayó de golpe con Jorge Cyterszpiler, que todavía era mi representante. Llegó de noche, directo desde Barajas, y hablamos un ratito antes de la cena, y a la mañana siguiente el loco me pidió un pantaloncito y se prendió conmigo en el trote. Eran seis kilómetros, los últimos que me faltaban. Trotamos, caminamos, trotamos. Y hablamos, hablamos un montón. Me acuerdo bien del diálogo que tuvimos.

—Quiero saber cómo estás…

—Bien, bien, hace tres meses que no juego, pero mañana vuelvo a tocar una pelota y después no me para nadie.

—Está bien, y quería comentarte la posibilidad de que formes parte de este proceso de la Selección.

—Mire, Carlos: mi contrato dice que además de las eliminatorias puedo jugar cualquier partido, siempre y cuando el Barcelona no tenga algún compromiso importante. Pero mi único compromiso importante es la camiseta de la Selección.

Después me salió con el tema de la guita. Siempre salía con el tema de la guita, Bilardo. El dinero, como él le decía. Me preguntó si iba a tener alguna exigencia, si iba a pedir algo…

—Noooooo, de eso olvídese… ¡¿Cómo voy a tener problemas de plata!? Si voy, es por la Selección y para defender la camiseta argentina. Lo de la plata no me importa para nada, para nada…

Yo venía de no estar en el '78. Y también venía de estar en el '82, cuando habíamos fallado en algunas cosas, empezando por mí: llegué fundido físicamente. Pero tampoco es que se hizo todo mal aquella vez. Típico argentino: en el '78, porque se ganó, todos Gardel. Y en el '82, porque se perdió, todos a Devoto. Noooooo. No fue así.

Pero lo cierto es que estaba golpeado. Y convencido de que quería revancha, con toda mi alma quería la revancha.

En mi primera entrevista después de volver, dije que en el Mundial '82 no había fracasado, que había hecho lo que había podido. Pero tenía clarito que había sido yo el que más había perdido aquella vez: mucha expectativa, mucha publicidad, mucho careta esperando verme caído. Y me acuerdo, clarito, que dije: "Vamos, viejo, no mientan; en nuestro país hay cosas mucho más importantes que Maradona. Quiero borrar este Mundial de mi cabeza y empezar a pensar en el del '86". Eso les dije en el '82. Y un año después estaba poniéndome en condiciones para demostrar que era cierto.

Bilardo me empezó a explicar ideas que él tenía en la cabeza, cómo quería que jugara yo y esas cosas. Me dijo que no me asustara con lo de la hepatitis, que él había tenido dos casos en Estudiantes, a Letanú y a Trobbiani, y que al principio costaba volver, pero después te acostumbrabas. Y en el juego, la verdad, es que me dio todas las facilidades: me quería libre, que jugara donde quisiera, que el resto se iba a mover alrededor mío. Que me quería de la mitad de la cancha para adelante, sin obligaciones de marcar (¡las pelotas que no iba a marcar!), como hacían Rummenigge o Hansi Müller en Alemania. Le encantaba Alemania. Me acuerdo que después se fue hablar con Stielike, que era el líbero del Madrid. Estuvo con el viejo Di Stéfano también. Un grande, Alfredo. Siempre lo quise mucho, siempre. Era un calentón, como yo, y estaba adelantado a su tiempo. En aquel encuentro le dijo a Bilardo que lo que le faltaba al fútbol argentino era movilidad y dinámica, que todos marcaran, además de jugar. Y, la verdad, tenía razón.

Y enseguida Bilardo me tiró la frase que no voy a olvidar nunca, nunca, pase lo que pase: "Aparte, vas a ser el capitán", me dijo.

Me explotó el corazón, ¡me explotó el corazón! Si no me morí de un infarto en ese momento, no me muero más. Hasta el día de hoy, cuando me hablan de que fui, de que soy, ¡de que soy!, capitán de la Selección, sigo sintiendo lo mismo. Es como tener en brazos a Benja, es la misma emoción. Como que tomás el mando, que te hacés cargo. No hay otra cosa más maravillosa que ser el capitán de un equipo. Y de la Selección, más todavía: ahí sos capanga, capanga, en serio.

Había sido capitán de Argentinos, del Juvenil, de Boca,

pero lo que más quería era ser capitán. En cada viaje, en cada salida, me compraba o me hacía comprar cintas de capitán... A esa altura había juntado como doscientas. Y tenía 24 años nada más, pero me sentía capacitado. Si Passarella había sido el capitán hasta ahí, ahora me tocaba a mí.

Cuando a vos te dan la capitanía, por huevos tenés que conocer a todos. Yo me hacía traer videos, cómo jugaba este, cómo jugaba el otro, preguntaba mucho por teléfono, a mis hermanos, a mis sobrinos. Ellos me ayudaban, me los describían, "ese anda bien" o "aquel otro tendría que largarla más...". Claro, ahora te reís, pero en aquellos tiempos ver un partido por televisión casi no existía; tenías que conseguir información de donde pudieras. Y yo la buscaba por todos lados. Como capitán, más.

Así tenía que ser la Selección de Maradona

Lo primero que me propuse, una vez que supe que mi sueño se había cumplido, fue instalar una idea: jugar con la camiseta de la Selección tenía que ser lo más importante del mundo, aunque la guita grande la ganaras con la camiseta de un club europeo.

Así quería que fuera la Selección de Maradona, ese era el estilo que quería instalar.

También me llegó mucho, mucho, que Bilardo me dijera que iba a ser el único titular. Por eso, yo hice lo mismo con Mascherano, muchos años después. También lo tendría que haber hecho con Messi, nunca lo dije, y es una de las cuentas pendientes que tengo. Ojo, yo acepto eso de "Maradona más diez", como después dije "Mascherano más diez", pero nunca me creí que podía ganar yo solo, porque eso no existe. Por eso les reconozco a todos mis compañeros el sacrificio que hicimos... Menos a Passarella, a todos.

Pero para eso faltaba mucho todavía, un montón. Estábamos en marzo del '83 y esta historia recién empezaba. Para mí, iban a pasar casi dos años para volver a ponerme la camiseta de la Selección. Parece increíble, pero así fue. En el medio, viví de todo. Como siempre en mí, un año valía por tres, o por cuatro.

Una semana después de aquel encuentro con Bilardo, volví a jugar: llevaba tres meses parado por la hepatitis. Empatamos 1 a 1 con el Betis, pero lo más importante fue que en el banco estaba sentado el Flaco Menotti. Fue su debut. Y con el Flaco, la historia fue bien distinta para todos. Los muchachos se enamoraron de él por la forma en que los trataba. Claro, venían del alemán y Menotti te compraba con las palabras. Fíjense que hasta Guardiola lo fue a buscar cuando se decidió a ser entrenador. Hoy, cualquiera de ese grupo que se encuentra, lo primero que hace, es preguntar por el Flaco.

Disfruté mucho de aquel Barcelona y recuerdo partidos bárbaros, como uno contra el Real Madrid, en el Bernabeu. Les ganamos 2 a 0 y yo hice un golazo, que es el día de hoy que siguen pasando, porque arranqué desde atrás de la mitad de la cancha, un contraataque fulminante; me salió el arquero, Agustín; lo pasé y encaré solo hacia el arco. Yo veía que por atrás me corría Juan José, que era un defensor petisito, de barba, rubio y con el pelo muy largo. Amagué a meterme con pelota y todo, lo esperé y, cuando llegó, enganché para adentro, casi sobre la línea. El tipo pasó de largo y se clavó con las piernas abiertas contra el palo. Uuuhhh, lo pienso y me duele a mí. Yo la toqué despacito al gol... El Bernabeu se levantó para aplaudirme.

Con el Flaco Menotti al frente, terminamos cuartos en la Liga. Pude jugar los últimos siete partidos y hasta ganamos la Copa del Rey. Encima, contra el Real Madrid de un grande, don Alfredo Di Stéfano. La cosa era tirarnos de cabeza a la Liga siguiente.

Yo creía que, después de la hepatitis, no me podía pasar algo peor. Pero me pasó... Arrancamos perdiendo, pero eso no fue lo más grave. Lo más grave llegó en la cuarta fecha, cuando el Athletic de Bilbao fue a jugar al Camp Nou. Era un clásico contra los vascos, se jugaba con todo.

La historia es de novela, sí, pero bien real. Me pasó a mí, y todavía me duele...

Y la vuelvo a contar porque hay un personaje que fue fundamental en aquel momento y volvió a ser fundamental mucho más cerca del Mundial, cuando ya casi no había tiempo. Hablo del doctor Rubén Darío Oliva. El Tordo. O el Loco, con todo respeto. Él sabe que yo lo llamo así. Y lo tuve que llamar en aquel momento. Sí, cuando el Vasco Goikoetxea me fracturó.

Fue el 24 de septiembre de 1983. Me acuerdo de la fecha como si fuera la de algún gol importante. ¿¡Cómo me voy a olvidar si fue la peor lesión que sufrí en toda mi carrera!? ¡Lo que se pegaba en el fútbol español en esa época! Que no hubiera un fracturado por partido era un milagro. Siempre conté esa historia, la del pibe que fui a visitar al hospital porque lo había atropellado un auto y quería conocerme. Cuando me iba de la habitación, apurado, porque era el mismo día del partido contra el Bilbao, el pibe me gritó desde la cama que me cuidara, porque iban a ir por mí... A mí me corrió un frío por la espalda, viste, porque esas cosas te dan impresión. Pero estaba tan acostumbrado a que me pegaran que no tenía por qué ser distinto.

El partido estaba tranquilo para nosotros. Íbamos ganando 3 a 0 y Schuster lo había atendido a Goikoextea. Tenían una historia entre ellos, porque antes el Vasco lo había lesionado a él. La cosa es que el estadio se venía abajo, apoyando al alemán, y el otro se lo quería comer. Lo quería matar. Como lo tenía cerca, porque me marcaba a mí, le dije:

—Tranquilo, Goiko, serenate. Te vas a ganar una amarilla al pedo y van perdiendo 3 a 0...

No, no, no lo estaba cargando. Te juro que no. Yo hablaba así con mis rivales, sobre todo con los que me marcaban. Eso sí, estaba atento a lo que hicieran conmigo. Y aquella noche no lo vi venir, no lo vi venir. Si no, hubiera saltado.

La jugada se pasó mil veces por televisión y ahora la podés buscar en cualquier archivo. Yo fui a buscar la pelota hacia nuestro arco, casi a la altura de la mitad de la cancha. Llegué y la punteé hacia mi izquierda, con eso que ahora llaman control orientado, para girar y arrancar, que era lo que mejor hacía. Con el pique corto los mataba a los defensores.

Pero apenas apoyé el pie izquierdo para girar y salir, sentí el golpe. Te juro, fue el mismo ruido de una madera cuando se rompe. Lo sentí. Y todavía la siento, tal cual. El primero que llegó, me acuerdo, fue Migueli...

—¿¡Cómo estás, cómo estás!? —me gritaba.

—Me rompió todo, me rompió todo... —le contesté llorando.

Me llevaron al hospital directamente desde el Camp Nou en una camionetita que hoy te daría vergüenza. Ni ambulancia era. Y cuando me metieron en la habitación lo único que quería saber era cuándo iba a volver a jugar. Si iba a volver a jugar... Al rato cayó el Flaco Menotti. Se asomó y, con esa voz de faso que tiene, me dijo: "Usted se va a recuperar pronto, Diego. Y ojalá que su sufrimiento sirva para algo, para que se acabe esta violencia". Es que se jugaba violento en serio, en serio.

Y cuando vino González Adrio, que era el médico que me iba a operar, le dije: "Quiero volver pronto, doctor. Haga lo que tenga que hacer, pero quiero volver pronto".

Claro, para eso iba a necesitar de las manos del mago. Del Tordo. Del Loco. Sí, de Oliva. Se fue a Buenos Aires conmigo. Lo llamé, porque él vivía en Milán, y se apareció enseguida. Muchas veces lo había hecho. Por cualquier pavada, una contractura, un dolorcito. Así que imaginate por esto. Es más: si esa noche hubiera llegado a tiempo, a mí no me operaban. Estoy seguro. El tipo tenía una mano que era capaz de curarte una fractura sin cirugía.

Lo vuelvo a contar ahora, insisto, porque el tipo fue fundamental para el Mundial que yo tuve. Aquella vez le hizo un desafío a González Adrio.

—Si dentro de quince días le hacemos una radiografía y se notan ya las primeras sombras de la soldadura del hueso, el tratamiento de recuperación lo sigo yo, con mi estilo. Si no, se lo dejo a usted —le dijo.

—Por supuesto —le contestó el gallego, que daba por descontado que iba a pasarme seis meses sin poder pisar.

Antes de los quince días, yo puse mi tobillo en las manos de ese sabio. Me sacó el yeso, me hizo la radiografía, y me dijo:

—Pisá.

Lo vuelvo a contar y vuelvo a sentir miedo.

—¿Qué? ¿Está loco?

Pero pisé. Y no me dolió.

Una semana después fuimos a hacer la prueba con González Adrio. Y casi se cae de culo cuando me vio llegar en muletas, pero sin yeso. "Téngame, doctor, por favor", le dije. Le di las muletas y bajé caminando una escalera.

Por supuesto, Oliva ganó la apuesta y yo volví a Buenos Aires a hacer la recuperación. A los 106 días estaba jugando de nuevo, contra el Sevilla. Le ganamos 3 a 1 y metí dos goles. El Flaco Menotti me sacó antes del final y recibí una de las ovaciones más grandes que recuerde en toda mi carrera. Yo se la dediqué a Oliva, porque gracias a él mi tobillo seguía siendo mi tobillo. ¿Sabés que él me explicó que yo dominaba mejor la pelota porque mi tobillo tenía un giro más amplio de lo común?

Bueno, gracias a su trabajo, no lo perdí. Yo estaba intacto gracias a él. Y tampoco iba a perder otra cosa, pero eso iba a ser más adelante, más cerca del Mundial. Antes me iba a mudar...

En el Napoli empezó otra vida

Mientras tanto, pasó un año entero de aquel primer encuentro con Bilardo y yo seguía sin ponerme la camiseta del seleccionado. Y todavía iba a pasar un año más. Todo el '84, enterito. Pucha, lo pienso ahora y me parece mentira. ¿Cómo aguanté? Creo que ni yo tengo una respuesta para eso. Bilardo decía que no nos llamaba porque los clubes de afuera no nos cedían para los partidos amistosos. Ese sí ha sido un cambio bueno, ¿ves? Ese sí. Porque si eso no cambiaba, si no se les ponía la exigencia a los clubes para que entreguen a sus jugadores, con la guita que hay en juego hoy ya no existirían los seleccionados nacionales; existirían los seleccionados de las ligas, y las más poderosas, las de más guita, tendrían a los mejores jugadores. Algo así se le había ocurrido en un tiempo a Silvio Berlusconi, cuando era el mandamás del Milan y al calcio iban todas las figuras. Eso sí: a mí no me hubieran enganchado nunca; jamás en la vida me hubiera puesto otra camiseta que no fuera la celeste y blanca.

En aquel tiempo cambié de camiseta, sí. Pero de club. Lo de Barcelona no daba para más, mi relación con Josep Lluis Núñez, el presidente, era pésima, y terminé mi relación con el Barça a las trompadas. A las trompadas, en serio. También con los jugadores del Athletic de Bilbao, en otra final de la Copa del Rey.

Entonces me fui al Napoli, y en el Napoli empezó otra vida. Aterricé en el San Paolo en julio del '84, justo en una época en la que la Selección la estaba pasando mal, mal. Lo cierto es que yo estaba peor. Económicamente, mi situación era un desastre. Ya lo conté varias veces, pero en esa época tuve que empezar de nuevo y el Napoli apareció como una oportunidad. Estuve quebrado, sí, y no del tobillo. Me quedé sin plata, arranqué casi de cero de nuevo...

Digo que era uno de los peores momentos de la Selección, también, porque estaba jugando una serie de amistosos, de esos para los que Bilardo no nos llamaba a los de afuera porque los clubes no nos prestaban, y no le estaba yendo nada bien. Empataron con Brasil, perdieron y empataron con Uruguay, perdieron con Colombia... Ahí empezaron las críticas, duras. Lo masacraban al equipo. Yo creo que lo criticaban primero porque era un equipo de Osvaldo Zubeldía, más que de Bilardo. Lo identificaban con eso: había mucho prejuicio, mucha bronca por el técnico que tenía, por el lugar de donde venía, por todo lo que había pasado, o lo que contaban que había pasado, qué sé yo, con Estudiantes de La Plata en la historia. Era una pelea de estilos, donde se tiraban con todo. Menottistas contra bilardistas, bilardistas contra menottistas y todo lo que venía atrás de eso. Y los jugadores estábamos en el medio.

Pero enseguida, en septiembre, justo cuando yo empezaba el torneo con el Napoli, y me daba cuenta de que la iba a tener difícil, que iba a tener que remarla mucho, la Selección mejoró con una gira bárbara que hizo por Europa: le ganaron a Suiza, a Bélgica y a Alemania... Ahí, ese día, el del 3 a 1 con dos goles de Ponce y uno de Burru, creo que en Düsseldorf, y también del tiro desde la mitad de la cancha del Bocha que terminó reventando el travesaño, fue que Bilardo dijo otra vez públicamente que yo era el único titular del equipo. Y Beckenbauer, Franz Beckenbauer, sí, que estaba sentado al lado, se metió y dijo: "Si no lo pone a él, que me lo dé a mí".

A esa altura, yo estaba tan preocupado por poner al Napoli en la pelea grande como por recuperarme económicamente. Mientras, esperaba el momento para volver a jugar en la Selección. Imaginarme que recién sería para jugar las eliminatorias me parecía una locura, cuando todavía faltaba un siglo, pero para hacer otra cosa había que ir contra las reglas.

Bueno, justo a mí, ir contra las reglas, sobre todo si son injustas, no me costaba mucho. Ni me cuesta.

Lo que trataba era de dar respuestas en la cancha, para que se entendiera de una vez por todas que yo le ponía el pecho a todo con la camiseta del Napoli. Pero que también quería hacerlo con la camiseta de la Selección. Era una lucha, pero me encantaba dar esa lucha: quería ganar todo con todas las camisetas.

Yo me comunicaba todo el tiempo con los pibes: cada vez que jugaban les mandaba telegramas, saludos, hacía declaraciones; quería que supieran que estaba con ellos, aunque no saliera a la cancha.

Que era el capitán.

Me acuerdo de que, en esos días, me hizo enojar el Toto Lorenzo, que era un tipo muy querido y muy escuchado en Italia. Le preguntaron por la famosa capitanía del seleccionado, por qué me la daban a mí y no a Passarella (y dale con Passarella), y el Toto contestó que había que preguntarse qué significaba ser capitán, que primero había que ser el principal colaborador del entrenador, que tenía que ser el tipo que recibiera toda la información en el vestuario y el tipo en el que sus compañeros confiaban y delegaban las cosas grandes... El que asumiera las responsabilidades en los momentos más importantes. Lorenzo recordaba, dale que dale, que Passarella era un líder, un caudillo, y que una vez, en Wembley, él mismo lo había visto cómo le había hecho sentir a Kevin Keegan quién estaba delante... Y se terminaba preguntando si yo, si Maradona, estaba en condiciones de asumir todas esas responsabilidades. Pero, la puta madre, ¡síííííí, claroooooo!, eso era lo que yo quería. Pero tenía que salir la cancha para demostrarlo, para demostrar cada uno de esos puntos.

Porque, mientras tanto, yo veía a la Selección de lejos. Veía cómo Bilardo iba armando su grupo con los jugadores que estaban en la Argentina. Pumpido, Ruggeri, Garré, Gareca, Camino, Brown, Dertycia, Trossero, Pasculli, Rinaldi, Burruchaga, Russo, Ponce, Giusti, Márcico, Islas, Clausen, Bochini... Esos fueron los primeros que hicieron una pretemporada, ya pensando en las eliminatorias. A ese grupo, en algún momento, me tenía que sumar yo, seguro, y el Pato Fillol. También Passarella, por supuesto, porque los medios hinchaban, hinchaban por él y le preguntaban a Bilardo todo el tiempo. Los periodistas no le preguntaban por mí; preguntaban por Passarella. Y los otros de afuera iban a ser Valdano, Barbas, Calderón... Nadie más. No era como ahora, que la mayoría son de afuera, nada que ver. Tres, cuatro a los sumo. No más.

Yo los seguía de lejos, desde mi nueva casa, en el barrio de Posillipo, en Via Scipione Capesce 3, cada vez más instalado en Nápoles y cada vez mejor en el Napoli. En febrero del '85 estábamos en la mitad de la tabla, que para el club era un *scudetto*, pero éramos los más ganadores del año, invictos. Le ganamos 4-0 a la Lazio, me acuerdo, y les clavé tres. Yo tenía once goles. Estaba a dos, nada más, de un tal Platini, Michel Platini, sí señor, que ya me hinchaba los huevos. Con dieciséis puntos por delante, podíamos llegar al quinto lugar y clasificarnos para la UEFA.

Entonces me pareció que era el mejor momento para empezar a meter presión. Ya les había demostrado lo que podía dar; era hora de jugar también en la Selección. Quería estar en tres amistosos previos, quería estar con los muchachos antes de que empezaran los partidos por los porotos. Bilardo seguía diciendo que yo era el único titular, pero no me llamaba, no me llamaba.

Entonces, moví la pelota yo.

Y empezó el quilombo

El domingo 21 de abril, después de ganarle 3-1 al Inter en el San Paolo, agarré el micrófono en la conferencia de prensa y, antes de que alguien me preguntara algo, declaré: "Yo viajo a la Argentina, pase lo que pase, el domingo 5 de mayo, después del partido contra la Juve. Ni siquiera el presidente Pertini podrá impedirme que viaje, porque él no puede parar los aviones que salen desde Roma...".

Y empezó el quilombo.

A la semana siguiente, el 28, jugamos justamente contra la Roma, en el Olímpico. Empatamos 1 a 1. Y yo volví a la carga después del partido: "Quiero que me entiendan; no es mi intención de ninguna manera irme a mi país por las malas, pero estoy desesperado por jugar en la Selección y estar a disposición de Bilardo desde el 6 de mayo. Creo tener razones como para que me entiendan, ¿no?".

Y no, la verdad es que los tanos no entendían nada. Empezando por Matarrese, Antonio Matarrese, que era el presidente de la Federcalcio. Es cierto, teníamos que jugar con el Udinese, que era candidato a descender, y se le quejaban otros clubes comprometidos, como el Avellino, el Como y el Ascoli, creo. Pero, ¡yo no decía que me iba y no volvía! Yo estaba dispuesto a jugar todos los partidos que fueran necesarios, con las dos camisetas. A Corrado Ferlaino, el presidente del Napoli, y a Rino Marchesi, el DT, tampoco les gustaba. Pero ya empezaban a conocerme. Ya empezaban a darse cuenta de que, cuando a mí se me metía una cosa en la cabeza, no me la sacaba nadie.

El domingo 5 de mayo, antes del partido con la Juve, volví a dar una conferencia. Parecía un presidente, daba conferencias todos los días. Pero la verdad es que estaba recaliente porque la federación, el viernes, les había mandado un télex a los clubes —al Napoli, por mí, y a la Fiorentina, por Passarella— diciéndoles que teníamos prohibido viajar hasta que terminara la Liga. Y nos amenazaban con suspendernos. Passarella amagó bajarse. Yo, ni loco. Por eso hablé antes del partido: "Yo viajo lo mismo, aunque la Federación y el club no quieran", dije. Yo no aguantaba más. Y también le dije un par de cosas: que no me parecía bien mandar eso un par de días antes de viajar; que a los alemanes Briegel y Rummenigge los habían dejado; que no entendían nada de fútbol, porque no se daban cuenta de que la Argentina tenía que jugar partidos en la altura y que era necesaria una aclimatación previa… y que los jugadores teníamos que responder también como asociación, sino estos tipos de corbata nos iban a manejar la vida. Y no era justo, no era justo.

La Gazzetta dello Sport se hizo un festín: "Maradona desafía a la Liga", tituló. Y el *Corriere dello Sport* lo mismo: "Maradona se rebela; viaja". Y claro, viejo, ¿cómo no iba a viajar?

Por las dudas, después del partido, que terminó 0 a 0, volví a hablar: "Había dicho que viajaba y viajo. Pero les aviso que el viernes voy a estar de vuelta acá, para jugar el domingo contra el Udinese. Y después me vuelvo a ir a la Argentina para volver al partido contra la Fiorentina… Ni Matarrese ni nadie pueden decirme una palabra; mi club me autorizó. Me voy a pasar quince días viajando, sí, pero no me queda otra alternativa. Yo no falté ni faltaré a ningún partido. Al que le guste, bien. Y al que no, que se joda…".

Ya estaba embarcado. Para muchos, era una locura. Para mí, un placer y un desafío. Para mí, eso era ser capitán de la Selección argentina.

Ahora pienso en lo que hice y no lo puedo creer. Sólo sé que volvería a hacer exactamente lo mismo.

Tenía que ponerme el equipo al hombro

El vuelo de Aerolíneas, el mismo de siempre, el que tantas veces tomé, salía a las diez de la noche. El partido con la Juve debe haber terminado a las siete y pico de la tarde y yo tenía doscientos cincuenta kilómetros por delante, desde Nápoles hasta el aeropuerto de Fiumicino. Nos habían prometido una custodia policial, para sacarnos más rápido, pero no cumplieron. Con todo el tránsito del domingo en contra, me senté al volante de uno de mis autos, no me acuerdo bien cuál, y arrancamos. La Ferrari no era, seguro, porque íbamos una banda ahí arriba —con Cyterszpiler, Claudia, mis hermanos Lalo y Lily, y Guillermo Blanco, mi jefe de prensa—, pero volamos. Volamos. Una hora y media le metí.

En el aeropuerto ya estaba Passarella. Llegué a las nueve de la noche pasadas. Tuve tiempo para seguir hablando, todavía: "Dicen que me van a suspender si no juego los dos partidos que vienen. Lo que no saben estos giles es que yo los voy a jugar, los voy a jugar… Les voy a demostrar una vez más lo que Maradona es capaz de hacer por la Selección y por el Napoli también".

Cuando me senté en el avión, me quedé frito. Soñé. Y a la mañana siguiente, estaba soñando todavía, pero despierto. Aterricé en Buenos Aires, me reencontré con mi viejo, don Diego, que desde que había terminado el Mundial de España tenía la ilusión de volver a verme con la camiseta argentina, y nos fuimos para la casa de Villa Devoto, la misma que tenemos todavía y donde volví a pasar la última Navidad, como si treinta años no hubieran pasado.

Antes, volví a hablar, ahí mismo en el aeropuerto; quería que todos me escucharan: "Yo no soy salvador, soy Diego. Salvador es Bilardo… Carlos Salvador, je. Yo vengo a jugar como uno más. A darle al equipo todo lo que pueda. Contra la Juve fue un partido tremendo, pero yo estoy para jugar. Prometí venir y cumplí, acá estoy".

A las cuatro de la tarde, ya estaba en el Centro de Empleados de Comercio, en Ezeiza. De corbata, me fui. Es que, para mí, volver a la Selección era como ir a una fiesta. Jean clarito, camisa rayada, corbata celeste, saquito de lana azul. Una pinturita. "Dame los dos pares", le pedí a mi hermano Lalo, que me mostraba con qué botines quería entrenarme. Los quería gastar, la verdad. Encima, apenas llegué me enteré de que la Selección había perdido otro amistoso, contra Brasil, en Río, mientras yo estaba en el aire.

Todas, todas eran señales de que tenía que salir a la cancha, de que tenía que ponerme el equipo al hombro.

Me entrené ese lunes, el martes y el miércoles a la par del resto. Y el jueves 9, al Monumental, a jugar contra Paraguay. Después de dos años y diez meses, ¡casi tres años!, me volvía a poner la celeste y blanca. Enseguida me di cuenta de que al equipo le faltaba un montón. Pero había que estar. Atajó el Pato Fillol y atrás jugamos con cuatro: Clausen, Passarella, Brown y Ruggeri. En el medio, Barbitas, el Bocha Ponce y Burru. Y arriba, conmigo, Dertycia y el Flaco Gareca. Empatamos 1 a 1; hice un gol, de penal, al final del primer tiempo.

Volví a la concentración, con los muchachos, y al día siguiente, a las cinco de la tarde, me subí al avión de Varig, que hizo escala en Río de Janeiro y siguió hasta Roma. El sábado 11 estaba otra vez en Fiumicino, pero en lugar de subirme a un auto y arrancar para Nápoles, me subí a otro otro avión y me fui para Trieste, para llegar al famoso partido contra Udinese, uno de los que estaba peleando el descenso. De Trieste a Udine hay setenta kilómetros y los hicimos en auto. Llegué para la hora de la cena, comí algo y me fui a dormir. A dormir en serio. Creo que me desperté un minuto antes de empezar el partido, el domingo 12. Pero, si alguna duda le quedaba a algún cabeza de termo en Italia, se la saqué a los gritos: hice dos goles, uno de tiro libre, espectacular. Empatamos 2 a 2. ¿Qué más querían que hiciera? Me bañé a los santos pedos y otra vez al auto, para recorrer de nuevo los setenta kilómetros de Udine a Trieste, subirme al avión, aterrizar en Fiumicino y despegar para Buenos Aires, donde volví a aterrizar el lunes 13. Creo que a los de Migraciones no les di tiempo ni de sellarme el pasaporte.

Esta vez no jugábamos el jueves, como contra Paraguay, sino el martes 14, contra Chile, otra vez en el Monumental. Ni siquiera me entrené, ni falta que me hacía tampoco. Ahí salimos a la cancha con Nery por el Pato en el arco y la misma defensa que contra los paraguayos. En el medio se sumó Russo y arriba jugó Pedrito Pasculli en el lugar de Dertycia. Algo no cambió, papá: volví a hacer un gol. Ya llevaba cuatro en seis días: uno a Paraguay, dos al Udinese y este contra Chile. Burru hizo el otro y ganamos 2 a 0. Recuerdo las formaciones para que se vea cómo fueron cambiando las cosas después, para el Mundial. Si no, se miente, se miente mucho…

La cosa es que nos podríamos haber quedado en Buenos Aires, porque el partido que seguía en la liga era contra la Fiorentina, justo contra Passarella, y el resultado no resolvía nada, pero los tanos se pusieron la gorra y nos exigieron volver. El sábado 18 aterricé de nuevo en Roma y, como esta vez jugábamos en el San Paolo, del aeropuerto me fui derechito a la cama, en mi casa. ¡Dormí dieciséis horas seguidas! Me levanté y me fui para la cancha, a jugar… A jugar en serio, eh. Creo que pesó la rivalidad personal contra el Káiser, porque fui la figura de la cancha, participé en dos jugadas que terminaron en gol pero el referí los anuló y metí una linda pared con Bertoni que terminó en gol de Caffarelli. Fue mi despedida del Napoli y no podían quejarse, eh, no podían quejarse... Los dejé octavos, bien salvados del descenso, a diez puntos del Verona, que salió campeón con el danés Elkjaer-Larsen y el alemán Briegel. Hice catorce goles y quedé a sólo cuatro de Platini. Ya lo iba a alcanzar al francés, ya lo iba a alcanzar. Me despidieron con flores, así que contentos estaban.

Los europeos no tienen ni idea

Pero a mí me quedaba otro viajecito: a Bogotá, vía Frankfurt, para juntarme con la Selección, ahora sí por las eliminatorias. Desde el domingo 5 hasta el lunes 20 de mayo, había volado más de ochenta mil kilómetros. Lindo promedio, ¿no?

No me importaba nada, sólo quería jugar en la Selección.

Claro que ya en aquellos tiempos me inventaban cosas, igual: publicaron que por jugar esos dos partidos, contra Paraguay y contra Chile, me habían pagado ochenta mil dólares... ¡Ochenta mil dólares! Sí, seguro. Se les escapó la tortuga, muchachos, yo cobraba el viático de todos: veinticinco dólares por día, una fortuna, je. Y les dije que ni a Frank Sinatra le pagaban esa plata.

Igual, a Bogotá viajé en primera, con Passarella. Él se había hecho amonestar en uno de los partidos de la Liga y zafó de un viaje. Pero ese lo hicimos juntos. Aterrizamos en Colombia a la noche y me fui a cenar con el grupo. ¡No daba más! No daba más, pero quería estar.

Al día siguiente tuvimos la primera práctica en El Campín y también quise estar. Se empezaba a armar el equipo de las eliminatorias y el debut era contra Venezuela, en

San Cristóbal. Pero nos quedamos toda la semana en Colombia y recién viajamos el viernes. A mí me vino bárbaro, porque con tanto vuelo venía en el aire, pero la llegada a San Cristóbal, después de aterrizar en Cúcuta, fue terrible. Primero, el viaje en micro, por caminos de montaña. Y después, el desborde: uno quiere a la gente, pero uno no quiere que la gente lo mate, tampoco. Ahí, cuando bajamos y empezamos a caminar hacia el hotel El Tama, me pegaron una patada, sin querer, seguro, pero que me trajo más consecuencias que la patada de Goikoetxea…

Entré rengueando al hotel y me pasé toda la noche con hielo en la rodilla. Menos mal que estaba solo en la habitación, porque no me hubiera aguantado nadie. Me dormí a las cinco de la mañana. El dolor me iba a acompañar hasta el Mundial y no faltó la polémica, una linda polémica que terminé ganando, de la mano del doctor Oliva. Pero para eso todavía faltaba, ya te voy a contar, te voy a contar bien. Como nunca lo había contado antes.

Me acuerdo de que mi viejo, mis hermanos y Cyterszpiler vieron el partido desde adentro de la cancha. Los vi cuando llegué al estadio y me contaron que no les habían encontrado los pases, así que los invitaron a verlo desde ahí. El Turco estaba como loco: "Uy, las cosas que mi hermano va a hacer hoy…", decía. Y la verdad que algunas hice, pero me costó. Las eliminatorias sudamericanas son bravas, bravísimas. Lo iba a vivir después, como entrenador. Los europeos no tienen ni idea lo que es jugar en las canchas sudamericanas contra equipos sudamericanos. Te comen los tobillos como nadie, todas las canchas son difíciles. Y Venezuela nos costó. Fue el domingo 26 de mayo. Salimos con el Pato Fillol en el arco; Clausen y Garré en los laterales, Passarella de líbero y Trossero un poco más adelante; en el medio, Bilardo lo metió a Russo, para marcar, con Ponce y Burru; y arriba, Pedrito y Gareca conmigo.

Arrancamos bien: a los tres minutos ya ganábamos 1 a 0, con gol mío de tiro libre. Pero a los nueve nos empataron, por una distracción. En el segundo metió uno Passarella y enseguida hice otro yo, de cabeza, ¡de cabeza!, después de un tiro libre de Burru. Pero enseguida nos metieron otro y terminamos preocupados. A mí no me gustó que nos llegaran tanto y teníamos que ir a Bogotá, a jugar contra Colombia, que le había ganado a Perú en la primera fecha.

Ellos todavía no eran la Colombia del Pibe Valderrama, pero tenían a Willington Ortiz, a Iguarán, la movían. Y estaba el temita de la altura. Muchas cosas. Tenía que aparecer la grandeza argentina, nuestra grandeza. Estar en Bogotá era como estar en nuestra casa, en una concentración propia. Ya habíamos vivido una semana ahí y ahora volvíamos. Estábamos instalados en el hotel La Fontana, al que volveríamos después y sería muy importante antes del Mundial. A mí me habían dado la suite, solo. La verdad, no me podía quejar.

El Turco y el Lalo, que eran chicos pero ya sabían un montón de fútbol, pasaban muchas horas conmigo. Y teniendo tiempo entre partido y partido, también había tiempo para los asados. Por supuesto, el asador oficial era mi viejo, y la carne la había llevado Coco, que era mi suegro. Esas cosas, que parecen pavadas, iban afianzando cada vez más el grupo, un grupo bravo, con muchos caciques.

Para el partido, en El Campín, hubo cambios. Habíamos tomado nota de algunas cosas del debut y eran necesarias: Giusti y Trobbiani se sumaron a la mitad de la cancha, por ejemplo. Giusti la rompió en la recuperación y Trobbiani se encontró mucho con nosotros arriba. Fue el domingo 2 de junio. Ganamos 3 a 1, con dos goles de Pedrito y uno de Burru. Passarella me agarró al final del partido y no sé por qué me dijo, en el medio de la cancha, en pleno festejo…

—Qué pena que no hiciste ningún gol, Diego…

—No me importa, no me importa. Lo único que quiero es la clasificación.

No teníamos experiencia en eliminatorias y queríamos sacarla de encima, era una presión tremenda. Es el día de hoy que pienso que si perdíamos allá, en Bogotá, nos quedábamos afuera del Mundial.

Nos puteaban todos

Después, por fin, volvimos para Buenos Aires. En el arranque, de seis puntos de visitante habíamos ganado los seis y habíamos hecho seis goles. Digo por fin volvimos, pero la pasamos mal. Ahí me di cuenta de la bronca que le tenían al equipo. Fue impresionante. Nos puteaban que daba calambre. Fue el domingo 9 de junio. Claro, yo no había estado, sólo había jugado aquellos dos amistosos y no entendía nada. Pero parecía que la gente había ido al Monumental a descargar bronca. Ojo, conmigo no. Pero hubo muchachos que la pasaron mal, como Trossero, el Gringo Giusti, Garré... Es cierto que el 3-0 lo terminamos armando con dos goles en los últimos cuatro minutos, uno de Clausen, por pase mío, y otro mío de cabeza, pero los matamos a pelotazos a los venezolanos. Russo había metido el primero y desde ese momento los tuvimos contra un arco. A mí, como siempre, me pusieron marca personal, Carrero creo que se llamaba, y eso muchas veces me beneficiaba. Porque siempre me gustó el uno contra uno y sacarlos a pasear. Además, les dejaba espacios a mis compañeros. Fue el primer partido de Valdano como titular y Jorge nos daba otra alternativa con el juego aéreo. La cuestión es que avanzábamos, con puntaje ideal, rumbo a lo único que nosotros queríamos: el Mundial.

Una semana después logramos que no todos fueran

cabezas de termo en el Monumental. A fuerza de juego, fueron más lo que aplaudieron que los que silbaron. Otra vez Colombia nos sirvió como medida para ver para qué estábamos.

Le ganamos 1 a 0, con gol de Valdano, de cabeza para variar, pero, si entraba el que casi hago, creo que me lo tendrían que haber cobrado doble. Fue una de las jugadas más lindas de toda mi carrera en la Selección. Arranqué en tres cuartos de cancha, con un toquecito de billar, y lo dejé pintado a Prince. Después, ya en carrera, me les escapé a dos, creo que Morales y Quiñones, y encaré de frente a Soto. Me trabó, pero se la gané y seguí. Me salieron dos, Porrás por la izquierda y Luna por la derecha. Les amagué a los dos y pasé por el medio. Me abrí a la izquierda, ya con el arquero saliéndome y desde ahí saqué el zurdazo, pero Gómez me la rechazó. Del rebote, casi la mete Pasculli. Jugamos bien, bien. También entró Barbas, y se acopló fenómeno.

A esa altura, mi rodilla golpeada ¡por un hincha! era tema de Estado en Italia. Principalmente, en Nápoles. Hasta mandaron al doctor Acámpora, que era el médico nuestro allá, para ver cómo estaba. Cuando me revisó, dijo: "En las condiciones en las que está, en el Napoli no lo hubiéramos dejado jugar". Mi respuesta fue clarita, para él y para todos: "Estuve dos años esperando las eliminatorias y la capitanía; soñé con este momento. La rodilla no me va a impedir disfrutarlo. Si el médico italiano viene a decirme que no juegue, le voy a contestar que se tome el primer avión y que se vaya, porque yo voy a jugar igual".

No había venido solo el tordo; también estaba Pierpaolo Marino, que era el director deportivo del club. Todos estaban asustadísimos, menos yo. Me probaron una hora antes del partido, con todos mirándome, como si fuera un bicho raro: estaban los dos tanos, Madero, el Ciego Fernando Signorini, que era mi preparador físico y conocía mi cuerpo como nadie, estaba mi hermano también… Y la rodilla respondió bien. Y si no respondía, yo iba a jugar igual. Insisto, la historia de mi rodilla iba a seguir un rato largo. Y me encanta cómo se definió, ya te voy a contar.

Y vino el gol

Lo que había que definir, y eso era más importante todavía, era la eliminatoria. Se venían dos partidos contra Perú, primero en Lima y después en Buenos Aires, y fueron terribles, terribles. Yo no recuerdo haber sufrido tanto adentro de una cancha como en aquellos dos partidos. Por cuestiones distintas, eso sí. En el primero, por la marca de Reyna, que todo el mundo se acuerda. ¡Hasta La Habana me siguió el hijo de puta! En serio, cuando estuve allá me mandó una pelota.

Yo me acuerdo de que en el partido de ida, en un momento, me fui de la cancha para que el tordo me atendiera y él se quedó al bordecito, esperándome. No jugó: ¡me seguía!

Fue el domingo 23 de junio y perdimos, sí, 1 a 0, con gol de Oblitas. Insisto, a mí me gustaba la marca personal, porque me los sacaba de encima con un toquecito, *tac*, pero a aquel tipo se le fue la mano, la pierna, todo… Como Gentile en el '82, que me había cagado a patadas. Yo no le decía nada, ni una palabra, porque mi arma contra esas cosas siempre fue jugar. Siempre.

En el fútbol de hoy, treinta años después, Reyna no hubiera durado cuarenta y cinco minutos en la cancha. Y aquella vez jugó los noventa. Me acuerdo de que después hablé en el hotel con algún periodista y le conté lo mal que me sentía, no sólo por la derrota. Creo que si tenemos que tomar un partido para explicar lo difíciles que son las eliminatorias, tomo ese. Aquella tarde jugó Barbitas de titular, nos cuidamos un poco más en el medio, ya empezamos a jugar con Valdano solos arriba. No nos salieron las cosas y me empecé a preocupar por lo que se venía. Hasta ahí, habíamos hecho todo bien. Pero si fallábamos en el último paso, se nos iba todo al carajo…

Te juro que hace un par de años, cuando jugamos en el Monumental contra Perú, en las eliminatorias para Sudáfrica, me vinieron a la mente otra vez todas aquellas imágenes terribles. Aquella vez había dicho que nunca había tenido tanto susto en una cancha y el destino, mirá vos, me puso de nuevo frente a una situación igual. Ojo, no era que no confiaba en nosotros, que no confiaba en mí, pero parecía que todo se ponía en contra, todo… La cancha pesada, la lluvia, los peruanos que de golpe jugaban como el Bayern Munich. Es cierto, tenían muy buenos jugadores, más allá de Reyna. Estaban Velásquez, Cueto, Uribe, Oblitas.

Ahí te das cuenta lo difícil que es ser DT, que querés entrar y meterla vos y no podés. Y lo difícil que es jugar con una lesión: estaba fundido, con la maldita rodilla derecha que me dolía. Todo bien con jugar y jugar, pero soñaba con clavarla en un ángulo y no me daba, no me daba. No me podía sacar de la cabeza la palabra repechaje, repechaje, repechaje… Si perdíamos íbamos al repechaje, y faltaban diez minutos y perdíamos 2 a 1.

Terrible, terrible, ¡qué manera de sufrir!

Aquel partido jugó Camino por Clausen y en la primera jugada lo sacó a Franco Navarro con un patadón. ¡Lo sacó de la cancha! Pasados los diez minutos ya estábamos ganando 1 a 0, con gol de Pedrito otra vez, pero nos empataron y pasaron al frente antes del final de primer tiempo. Entonces aparecieron los fantasmas, todos los fantasmas.

Tenía ganas de llorar, era una impotencia… Decía, ¿cómo puede ser, viejo? Estando tan fácil, jugando tan bien, dos ataques de ellos y dos goles. No le encontraba explicación.

En el entretiempo nos reputeábamos entre nosotros porque sabíamos que estábamos perdiendo por errores nuestros, no por mérito de ellos. Bilardo no dio una indicación en el vestuario, no dijo nada de los goles, cómo habían llegado, en qué nos habíamos equivocado. Nos gritó que nos dejáramos de joder y que saliéramos a clasificarnos para el Mundial.

Error, error...

Porque salimos como locos y estuvimos más cerca de que nos metieran el 3 a 1 que nosotros el 2 a 2. El reloj volaba... Yo lo miraba en el cartel del Monumental y decía: "Pero, ¿qué pasa? ¿Lo están acelerando?". Me acordaba de Carlitos Monzón en el Luna Park mirando el reloj contra Bennie Briscoe. Pero yo no estaba *groggy*. La rodilla no me dejaba hacer lo que quería, me dolía terriblemente, pero había que pasar.

Me tiré atrás para entrar en juego y tratar de meter pelotas de gol, pero hay una pelota fundamental, que no fue mía. Quedamos tres contra dos: Barbadillo, Uribe y no sé quién más contra Trossero y el Pato Fillol. Si Uribe se la daba a Barbadillo, metía el 3 a 1 y se terminaba la historia para nosotros. Pero Uribe amaga para allá, y cuando se va, se resbala y le pega mordida. Y el Pato la agarra arriba y salimos de esa jugada.

Y ahí viene el gol nuestro.

Llegó aquella jugada de Passarella y el toque de Gareca, como Palermo mil años después, en las eliminatorias para Sudáfrica. Siempre lo dije: que Martín haya puesto el pie fue como cuando Gareca la empujó. Igual, igual. Festejé como loco aquella vez, en el barro, igual que después, cuando me tiré de panza en el césped. El mismo, el mismo sufrimiento. Y el mismo, el mismo desahogo.

En una charla, cuando todavía me hablaba con él, se lo dije a Bilardo: tendría que haber llevado a Gareca al Mundial de México como yo llevé a Palermo al Mundial de Sudáfrica. ¿Sabés qué pasa? Gareca se lo merecía por todo lo que le había dado a Bilardo cuando todavía no estaba yo. Mientras yo no estaba, uno de los que sostuvo a Bilardo fue Gareca, vamos a decir la verdad. Hablo individualmente. Había buenos jugadores, pero el definidor era el Flaco... Después, cuando jugaba conmigo la tiraba afuera el muy turro, je.

Pero es el día de hoy que recuerdo perfectamente lo que le dije a Gareca entonces, cuando ya teníamos la clasificación en la mano y nos habíamos tranquilizado un poco, sólo un poco, en el vestuario del Monumental:

—Flaco, así vamos a terminar la final del Mundial nosotros... Sufriéndola, pero ganándola.

El primer paso estaba dado, pero sabía que lo que venía iba a ser duro, muy duro. Aunque también sabía que íbamos a ser campeones del mundo. Contra todo, contra todos.

El día que me explotó la rodilla

Cuando a mí se me ponía algo en la cabeza, era difícil sacármelo. Como cuando me quebraron el tobillo, en Barcelona. Abro el diario al día siguiente y leo: "No juega más". Y yo: "¿Ah, sí? Ya van a ver, ya van a ver...".

Con la rodilla, después de aquella patada en Venezuela, lesión que arrastré todas las eliminatorias, fue lo mismo. No decían que no iba a jugar más, eso no, pero sí todos decían que tenía que operarme sí o sí, y que la recuperación iba a llevar no sé cuánto tiempo. Por eso yo no quería saber nada de nada. Y por eso, como aquella vez en Barcelona, volví a llamarlo al Loco Oliva, que era tan loco como buen médico.

Y el Loco Oliva me dijo: "Vos no te operás". Era lo que quería escuchar, lo que necesitaba.

¿Qué me pasaba? Se me inflamaba el poplíteo; me lo aprendí de memoria ese nombrecito y no me lo voy a olvidar mientras viva. Tampoco me voy a olvidar del dolor: no podía estirar la pierna.

Bueno, a partir de la patada de aquel cabeza de termo, era escuchar y leer todos los días: "Maradona se tiene que operar, Maradona se tiene que operar". Hablaban todos y todos decían lo mismo. Hasta el tordo del Napoli me tiraba de la cuerda para operar. Pero el Loco Oliva no, y no. Fue hermoso ganarle al doctor del Inter, del Milan, de la Roma, de la Juve, de todos los grandes, que decían lo contrario… ¿¡Qué carajo tenían que meterse!?

La solución llegó en un partido amistoso que armamos contra un equipo que dirigía Krol. La cosa fue que el tordo me infiltró y yo sentía la rodilla enganchada. "Se te va a ir aflojando de a poco", me decía el Loco. Pero llegaba la hora de arrancar y nada, sentía que seguía trabada. Empieza el partido y a los diez minutos me olvido, me tiro a buscar una pelota, giro, y la rodilla, ¡plum!, me explota.

Me quedé tirado en el piso, con un dolor de la concha de su madre. Entonces, viene el Loco y me dice…

—¿Te explotó la rodilla?

—Sííí, doctor, sííí… ¡Me duele mucho, tengo un dolor de la concha de su madre!

—¡Bieeeennnn, eso era lo que yo quería!

Me quedé mirándolo. El tipo estaba más loco de lo que yo pensaba. Escucho que dice: "Tápenlo, tápenlo…". Y saca una jeringa, una jeringa gigante, y me infiltra, en plena cancha. Yo estaba boca abajo, con un dolor terrible.

—Ahora, movela —me dice.

Y la muevo, como si nada. Se había destrabado. Seguí jugando. Creo que metí un gol. Ganamos 2 a 0. Terminé los noventa minutos y cuando llegué al banco, el Loco me dice: "¿Y? ¿Dónde están ahora los que te querían operar?".

Íbamos a dar todo

Listo, lo mío estaba solucionado. Ahora había que solucionar el resto, todos los quilombos alrededor del equipo.

Al equipo le faltaba entrar en la gente, era antipático. Como dije, era una selección perseguida por el técnico que teníamos y por dónde había jugado el técnico. Había muchos prejuicios. Mucho cabeza de termo que se subía al corso, también.

Pero los que la pasábamos mal éramos nosotros, los jugadores, que la ligábamos por todos lados. Por eso salí a ponerle el pecho. Y porque, con la rodilla salvada, en la cancha, con la camiseta del Napoli, estaba pasando un momento mágico. A fines del '85, más o menos en noviembre, les cumplí el sueño a todos los napolitanos: le ganamos a la Juve con un gol mío, de tiro libre, que Tacconi todavía está buscando. Fue indirecto, desde adentro del área y por arriba de la barrera. ¡Qué aerosol ni aerosol! ¡Aserrín había en el área! Se volvió a hablar mucho de eso hace poco, porque también se cumplieron treinta años y porque el Napoli volvió a darle pelea a la Juve, como en los viejos tiempos. Por mí, que batan todos los récords, que me superen. Si Nápoles es feliz, yo soy feliz.

En aquel tiempo, a mí me iba muy bien con el Napoli, pero a la Selección le costaba mucho. Para que se entienda, de una vez por todas, lo que yo siento por la Selección, repito lo que sentía hace treinta años: que, en ese momento, entre el Napoli y el seleccionado, yo me jugaba por el seleccionado. Porque era el momento de ponerle el pecho, de ponerse al frente.

Tal vez por eso era que me sentía solo, triste y preocupado, como tituló *El Gráfico*. Sí, me acuerdo de aquella tapa de la revista. No faltaba mucho para el Mundial, eh, no faltaba mucho. Bilardo había venido a verme, a visitarme en Nápoles, pero se la pasó preguntándome cómo estaba físicamente. Yo no sé qué pensaba: que no le iba a cumplir, que no me iba entrenar... Me jodió. Y más me jodió que viajó a Florencia, a buscar a Passarella, como si el tema no estuviera resuelto. ¿Sabés a qué le tenía miedo? A que todo lo que se había arreglado, lo que se había definido, cambiara de golpe, cuando ya estábamos encima del gran objetivo, que era jugar el Mundial y nada más. Qué sé yo... Me dieron ganas de tirar todo a la mierda. Tenía las bolas llenas, me había dejado crecer la barba y todos decían que era una mala señal. Es cierto que no tenía buena cara, pero mi hermana, la Lily, me había dicho que probara, a ver cómo me quedaba. Que me iba a ver más macho, eso dijo. Sí, era un macho que se la bancaba sólo si tenía a la madre al lado. Porque en ese tiempo había ido la Tota a pasar unos días conmigo a Italia y muchas veces le decía: "¿Y si nos volvemos, Tota? ¿Y si nos vamos a Buenos Aires?".

Otra vez: no era que tuviera miedo, no, pero sabía que se me venían muchas cosas y no todo se estaba haciendo como a mí me gustaba. Se venían unos amistosos medio incómodos. Íbamos a jugar contra Francia, primero, y después contra el Napoli, contra mi Napoli, y contra el Grasshopper de Suiza. En el vestuario, después de los entrenamientos, Eraldo Pecci, un compañero mío, me jodía, me decía si no tenía miedo de pasar papelones contra los franceses. No me hacía gracia, nada de gracia. ¡Lo quería agarrar a trompadas!

Yo quería que Bilardo se dejara de joder y definiera el equipo para el Mundial. Tenía a treinta tipos dando vueltas y tenía que definir veintidós. No te digo que estuviera la lista, pero más corta, más corta, para darles confianza a los que iban a jugar. Y también a los que se había bancado las peores cosas. Yo estaba a muerte con los que se habían comido el garrón de las eliminatorias. Tipos como Gareca, Pasculli, Camino, Garré, Burru, el Bocha Ponce... Y hasta como los mismos Pato Fillol y Valdano, por más experiencia que tuvieran. La verdad, lo que yo quería era que Bilardo respetara a los hombres más que a los jugadores. Y que sumara hombres, en todo caso. Eso, hombres. Tipos como el Tolo Gallego, que me encantaba, o el Guaso Domenech, que se había hecho de abajo. Aquel no era un plantel de fueras de serie, de fenómenos. Pero eran tipos que se mataban trabajando. Por eso dije públicamente que me gustaría que Bilardo le diera una oportunidad a Ramón Díaz. Sí, a Ramón Díaz. Lo dije antes del '86 y también lo dije antes del '90. Por eso, esa historia de que yo le ponía los jugadores que quería, mamita, cuánta leyenda, cuánto invento... ¡Barbas se iba a quedar afuera del Mundial! ¡Barbas, que era como mi hermano!

El que estaba ahí, siempre al borde, medio adentro, medio afuera, era el Bocha, Bochini. Mi sueño de pibe, todos lo saben, había sido jugar con él. Y no coincidíamos nunca, casi nunca. Él la rompió en la gira en la que yo no estuve y después se rayó y se bajó. Nos encontramos recién a fines del '85, en unos amistosos contra México, en Los Ángeles. Para mí sumaba, por más loco que estuviera. Lo mismo el Bichi Borghi. Era pendejo y a veces metía una gambeta de más, o una patada, como la que metió en el primer amistoso, contra Francia. No, no fue un papelón, como me decía Pecci, pero nos ganaron 2 a 0. Borghi se hizo expulsar, con un patadón a Luis Fernández, creo, y a Passarella, que al final jugó, no lo expulsaron de pedo, porque le metió un codazo terrible a Tigana. Tres días después, nada, jugamos contra el Napoli, en el San Paolo. Para mí fue muy raro jugar contra mis compañeros y en ese estadio, pero fue más que nada una exhibición. Ahí Bilardo puso por primera vez a Passarella de líbero y a Ruggeri y Garré de *stoppers*, pero pasaría un montón para volver a usar ese esquema. Un montón.

Después nos fuimos a Suiza, a jugar contra el Grasshopper, en Zurich. Les ganamos 1 a 0, arañando, y por eso eran partidos que yo no quería, no quería... ¿Para qué? Si ganábamos, no le ganábamos a nadie. Si perdíamos, nos mataban. No entendía eso de Bilardo. Y no nos entendían a nosotros, a mí, cuando decía que nos esperaran, ¡que nos esperaran, por favor! Que la verdad iba a estar cuando estuviéramos todos juntos en México.

Se preocupaban por mi físico, por ejemplo, y yo sabía cómo me estaba preparando, cómo me iba a preparar. Decían que los europeos corrían más que nosotros, que eran más fuertes, pero yo estaba convencido de que en México iba a ser distinto, bien distinto. Que íbamos a poder hacer lo que queríamos. Por ejemplo, que los delanteros nos íbamos a comprometer en la marca, que no nos íbamos a quedar parados cuando perdiéramos la pelota.

A mí las críticas me hacían más fuerte, que dijeran que Maradona era un jugador más me daba fuerza, no me achicaba. Pero no a todos les pasaba lo mismo. Si te dejabas llevar por lo que decían, Borghi ya no era la gran promesa, Pasculli no le hacía goles a nadie... Por eso dije que éramos una selección perseguida.

En abril, Bilardo dio la lista final. Y mucha pelota no me dio. No quedó Gareca, no quedó el Pato, no quedó Barbas... Por lo menos, llamó al Negrito Enrique, un crack. Lo había usado una sola vez, en Toulon, pero no había estado nunca con nosotros, con la mayor, y fue una sorpresa. Pero había varios que lo querían matar. El mismo Barbitas, Trossero...

Al fin, la lista quedó con Pumpido, Islas y Zelada de arqueros; Brown, Clausen, Cucciuffo, Garré, Olarticoechea, Passarella y Ruggeri de defensores; Batista, Borghi, Bochini, Burruchaga, Enrique, Giusti, Tapia y Trobbiani de mediocampistas; Almirón, Pasculli y Valdano de delanteros. Y yo de capitán, je.

Nos fuimos otra vez de gira y la pasamos mal, mal. ¡Uuuhhh, cómo nos pegaron cuando perdimos contra Noruega! Después le metimos siete a Israel, pero no alcanzaba. Para los de afuera no alcanzaba.

Para mí, sí. Yo estaba convencido de que, si nos dejaban a los jugadores en paz, si nos dejaban entrenar como queríamos en México, todos juntos y solos, íbamos a estar preparados para ganar el Mundial.

Yo amaba a esa selección. La amaba particularmente. La sentía mía. Era el capitán, había un grupo de tipos excepcionales. Alguna vez dije que nos faltaba suerte. Pero no: lo que nos faltaba era laburo, laburo... Y sentía que nos faltaban el respeto. A nosotros, a los jugadores. Y eso sí que no me lo iba a bancar.

Ojo, lo que yo pedía, nada más, era que nos dieran tiempo, tiempo a los jugadores. A mí y a todos. Yo no quería ser el capitán de la Selección más fea de la historia, como declaré en aquel tiempo. Mucha gente se dejaba llevar por lo que los periodistas le contaban. Pero si nos dejaban a los jugadores en paz lo íbamos a lograr. Yo me había hecho mucho más fuerte en Italia: para bajarme tenían que pegarme cuatro patadas. O más. Y me estaba preparando con todo. Pero nos apuntaban con los cañones, de todos lados.

Fue ahí, después de esa gira maldita, cuando surgió eso de que el Gobierno quería voltear a Bilardo. Fue terrible. Y yo salí a bancarlo. Hasta el día de hoy. Hice, hace treinta años, lo que treinta años más tarde, después del Mundial 2010, Bilardo no hizo por mí.

Para algo sirvió, por lo menos. Porque ahí sí que se acababa el tiempo de las palabras y había que salir jugar. Y nosotros, los jugadores, íbamos a dar todo.

Capítulo II

En aquellas reuniones nació el campeón

En Colombia se empezó a armar una revolución grande. Una revolución que terminó con el mando a rajatabla que tenía Bilardo y empezó a demostrar el peso de aquel plantel. Porque, hasta ahí, Bilardo decía "tenemos que ir a La Quiaca", y a La Quiaca íbamos —o iban, los muchachos— sin chistar. Decía "tenemos que jugar este partido y aquel otro" y nosotros jugábamos este partido y aquel otro, como estaba previsto en aquella gira medio extraña que había armado, con partidos en Bogotá y en Barranquilla, cuando ya llevábamos más de diez días instalados en la concentración del América de México, en los primeros días de mayo del '86.

Y no, papá, no, no era así la cosa.

Al final, en esa gira, jugamos sólo un partido. En la cancha, uno solo. Afuera… jugamos un par más. Je. Y esos sí que fueron mucho más importantes.

En eso tuvimos mucho que ver nosotros, los jugadores, después de una reunión que armamos en una suite enorme del hotel La Fontana, en Bogotá, la misma noche en la que llegamos desde México, y en otra que hicimos después del empate 0 a 0 contra Junior, ya en Barranquilla.

La primera fue un martes 13, sí, pero de mala suerte,

nada. Se hizo apenas aterrizamos en Colombia. Y aquella noche de mayo, cuando todavía faltaban tres semanas para debutar en el Mundial, empezó a nacer el campeón, el plantel campeón. Un plantel que no se iba a bancar presiones de nadie. Y que iba a hacerse escuchar, ante quien fuera. Periodistas, hinchas críticos porque sí, políticos, dirigentes, contras —que teníamos por todos lados— y hasta el cuerpo técnico mismo. Un plantel con las pelotas bien puestas.

Qué barrilete ni barrilete

Ya llevábamos una semana en México y esa mañana habíamos arrancado para Colombia con el pie izquierdo. Estaba previsto que saliéramos a las ocho y media, cosa que a mí de por sí ya me rompía las bolas, por el madrugón, pero el vuelo recién despegó después del mediodía, por una amenaza de bomba o no sé qué. Ya íbamos cargaditos, entonces, y eso le puso más pimienta a la reunión de la noche.

Estuvimos los veintidós jugadores. Y nadie más. Nadie más.

Hablamos de plata, del premio que íbamos a recibir si salíamos campeones… Sí, porque nosotros sí creíamos que íbamos a salir campeones, y también sabíamos que íbamos a ganar una miseria si dábamos la vuelta olímpica. ¿Saben cuánto ganamos por ser campeones del mundo, los últimos campeones del mundo con la camiseta de la Selección argentina, hace treinta años? 33.000 dólares, sí, ¡33.000 dólares! El viático de un jugador de hoy. ¿Y saben cuánto teníamos de viático por día? 25 dólares, ¡25 dólares! Lo cuento ahora y todavía no lo puedo creer.

Hablamos de eso, ahí, en esa reunión, de la plata, y nos

dimos cuenta de que la guita nos importaba un carajo, que estábamos ahí por mucho más que eso. Era duro, porque algunos ya ganábamos bien jugando en Europa, pero otros no. Había pibes que ni botines tenían; no los bancaba nadie como los bancan ahora. Lo que yo pretendía era que se entendiera que la camiseta argentina valía mucho más que eso, y que la camiseta argentina era la que nosotros nos íbamos a poner… Ni los garcas de corbata ni los contras de siempre. Nosotros.

Hablamos de los entrenamientos, de lo que necesitábamos, de la obligación de dar más de lo que podíamos, de dar todo, de-dar-todo, ¡de dar todo!

Me acuerdo como si fuera hoy. Me paré en el medio y me puse a hablar. Los miraba a todos a los ojos, sentía que me hervía la sangre y la vena del cogote se me reventaba. Apretaba tanto los dientes que pensé que me los iba a romper. Acompañaba cada palabra con el puño cerrado, como si fuera a pegar. Eso, eso quería. Pegar con las palabras. Pero pegar bien. Llegar al corazón.

"Ahora… ahora nos tenemos que olvidar de todo. De todo. De nuestros clubes, de la familia, de la guita, de los problemas. Tenemos que pensar solamente en nosotros. En nadie más. ¡En nosotros! Y no importa quién es titular o quién es el suplente, no me jodan con eso. Tenemos que tirar todos del carro, hacernos carne y uña, rompernos el alma para ayudar al compañero. Que nadie se borre, eh, ¡que nadie se borre! Gana uno, ganamos todos, gana uno, ganamos todos, ¿se entiende?, ¿¡se entiende!? Porque muchos esperan que nosotros, todos nosotros, no uno solo, perdamos. Que perdamos para despedazarnos, para despedazarnos más de lo que ya lo han hecho. Y, ¿saben qué? No les tenemos que dar el gusto, ¡no les tenemos que dar el gusto!"

Fue un juramento.

Y si en ese mismo momento nos largaban a la cancha, le metíamos cinco goles a cualquiera. Éramos nosotros contra todo, contra todos. Había cada nene ahí... Y lo bueno es que nadie se callaba. Cada uno, a su manera, decía lo suyo. Ese grupo necesitaba juntarse, hablar, poder hablar... Ahí hablaba hasta Bochini, que casi no le conocíamos la voz; hablaba Enrique, que se había sumado un mes antes; hablaba Zelada, que había entrado en el grupo en México; hablaba Almirón, que no iba a jugar ni un minuto: hablaba Valdano, por supuesto... A veces lo teníamos que parar: "¡Corten!", gritábamos, para que Valdano parara. Hablaba Passarella, también... Pero después Passarella ya no habló más. Y ya sabrás por qué.

Por eso, después del partido contra Junior, en Barranquilla, cuando no pudimos levantar las piernas, nos empezamos a preguntar qué estábamos haciendo ahí, en vez de estar instalados en México. Faltaban tres semanas para el Mundial y no tenía sentido estar dando vueltas por Colombia, exponiéndonos a las críticas, a un clima distinto, a las patadas de rivales —que lo único que querían era mostrarse—, al calor, a un ahogo que era diferente al de la altura que íbamos a tener que enfrentar después. Es cierto que el uruguayo Goyén atajó muy bien en aquel 0 a 0, me acuerdo, y que podríamos haber ganado, me acuerdo también. Pero más me acuerdo de que nosotros no podíamos levantar las piernas, que los veíamos pasar a los tipos, que Uribe nos pintaba la cara. No jugamos mal, no tan mal como veníamos jugando... Es más, creo que jugamos bien. Pero estábamos ahogados. Y no pudimos meterla. Y eso, para un equipo al que pocos le tenían confianza y que justamente tenía que hacerse fuerte en esa confianza, era terrible.

Hablamos con el Profe Echevarría, el preparador físico del grupo, un crack, el mejor del cuerpo técnico. Y el Profe, muy sabiamente, nos entendió cuando le dijimos de nuestra decisión de volver a México. Yo mismo fui a hablar con Bilardo después de planteárselo a todo el plantel y de que todo el plantel estuviera de acuerdo. Fui y Bilardo empezó con que "no, que el partido ya está hecho, que esto y que lo otro". Pero el segundo partido no estaba hecho. Es el día de hoy que nadie me saca de la cabeza que él iba en algo en todo eso, que mordía, porque los amistosos los organizaba Enzo Gennoni, que era su amigo. Pero lo cierto es que habíamos jugado el primer partido en el llano de Barranquilla, cosa que no nos servía para nada. Y el segundo partido se decía que iba a ser en la altura de Bogotá, por lo menos, pero ni locos íbamos a ir.

Yo lo encaré:

—El equipo no va, Carlos. El equipo apenas pudo levantar las piernas por el calor, y nos exponemos a las patadas de los rivales y a las críticas de los contras. ¿Para qué nos sirve un partido en el llano, como este que jugamos? Para nada, para un carajo sirve. Y no vamos a ir a jugar a la altura de Bogotá, tampoco. Vamos a Bogotá, sí, pero para tomarnos el avión de vuelta a México.

—Por favor, mirá que hay diez lucas más para vos —intentó convencerme.

Pero no se trataba de diez lucas más para mí o para nadie, cuando se cobraban 800 dólares por partido amistoso; sí, ¡o-cho-cien-tos dólares por partido! Se trataba de volver a la concentración del América, a descansar y a aclimatarnos, en medio de un ambiente de muchas críticas que hacía todo peor. A entrenarnos en la ciudad donde íbamos a jugar y donde de verdad que se te partía el pecho al correr. No era lo mismo el llano de Barranquilla, por supuesto, pero tampoco era lo mismo la altura de Bogotá.

Haberle ganado la pulseada a Bilardo fue algo que le vino bien al grupo, porque Bilardo en eso era cerradísimo, y ahí tuvo que ceder. Porque no jugábamos, el grupo estaba dispuesto a no jugar.

Ahí fue el quiebre. Reuní a todo el grupo y el grupo se hizo fuerte. Ahí definimos que éramos nosotros contra el mundo, así que más vale que tiráramos todos para el mismo lado... Y tiramos, ¡cómo tiramos!

Habíamos sido el primer equipo en llegar; queríamos ser el último en irnos. A mí las concentraciones siempre me ataron, siempre me ahogaron, pero aquella vez fue distinto: porque nos sinceramos, porque nos dijimos las cosas en la cara. A partir de eso, todo creció.

A la vuelta de ese viaje tuve un diálogo con Cóppola, con Guillermo Cóppola.

—¿Te acordás cuando te dije, en Israel, que estábamos para pelear el tercer puesto?

—Sí, claro.

—Bueno, en Barranquilla sentí algo más. Sentí que estamos muy bien, demasiado bien. Sentí que podemos ser campeones del mundo.

Es cierto el diálogo, pero la verdad es que no lo dije por lo que había pasado adentro de la cancha, en el partido, sino por todo lo que había pasado afuera. Por todo lo que habíamos arreglado diciéndonos las cosas en la cara, como debe ser.

Había una sensación en el grupo de bilardistas, por un lado, y de menottistas, por el otro. Y hoy yo lo puedo decir tranquilamente: soy y era menottista, pero era el capitán y tenía que llevar la bandera del grupo. Qué barrilete ni barrilete, mi objetivo era que fuéramos campeones del mundo, estuviera quien estuviera al frente.

Por eso yo dije en su momento que Passarella no jugó "por menottista". Él quería imponer las diferencias y la verdad que lo único que teníamos que hacer en aquel momento era tirar todos para el mismo lado. Las diferencias eran claras: el Flaco te resumía un partido en dos palabras; Bilardo tenía que pasarte diez videos para explicarte una jugada. Pero ahí estábamos todos juntos por un objetivo, había que dejarse de joder.

Menottistas declarados eran Passarella, el Bocha, Valdano. No había muchos menottistas porque Bilardo se encargó muy bien de seleccionar a los jugadores que no hubieran estado con Menotti, salvo esas excepciones que no podían faltar, ¿se entiende? Ruggeri era uno de esos, ¿¡cómo lo iba a dejar afuera a Ruggeri, si era una monstruo!?

Yo también era uno de esos, él me había elegido y a mí lo único que me importaba era el objetivo final. Todavía me dolía haberme quedado afuera del '78 y eliminado en el '82. Lo único que me importaba era que la Selección argentina fuera campeona del mundo. Lo demás, en ese momento, era secundario, pelotudeces. Pero lo cierto es que todo eso, y algunas cositas más, estaban dando vueltas hasta que empezaron las reuniones.

La reunión de Bogotá la ganamos nosotros, los jugadores; y también la reunión de Barranquilla. Ahí, a partir de ahí, ya no había ni menottistas ni bilardistas. Ahí estábamos cansados y lo único que queríamos era volvernos a México. Estuvimos como hasta las cuatro de la mañana cambiando los pasajes, codo a codo con el Profe Echevarría, que nos entendía como nadie.

¿Entendiste, buchón?

No fueron las únicas reuniones, dije. Hicimos varias. Para analizar cómo veíamos el equipo, para contarnos si estábamos bien, para saber si necesitábamos algo, para preguntarnos si queríamos entrenar más, para pensar si el

Profe tenía que agarrar alguno que estaba falto de fútbol o de trabajo físico... Todas esas reuniones las hacíamos periódicamente, el grupo las necesitaba para hacerse más fuerte todavía. Las hacíamos nosotros, los jugadores. Los de afuera, hasta el cuerpo técnico, de palo...

Pero la de Passarella, la que yo y todos llamamos "la de Passarella", que vino después de aquellas en Colombia y que se hizo en México, en la concentración, apenas volvimos de la gira, fue la que terminó de poner las cosas en su lugar.

Ya la conté en *Yo soy el Diego de la gente*, para que no se dijeran más giladas, y acá la voy a contar igual, sólo con algún detalle más. Porque a mí me pegaron en todos lados, pero en la memoria, no. En la memoria, no.

La historia fue así... Yo había llegado quince minutos tarde a no sé qué cosa junto con los rebeldes. Porque éramos rebeldes, Pasculli, Batista, Islas, según Passarella... Habíamos salido, teníamos un rato libre. ¡Quince minutos tarde llegamos! Y entonces nos comimos el discursito dictador de Passarella, bien de su estilo: que cómo el capitán iba a llegar tarde, que esto, que lo otro.

Lo dejé hablar, lo dejé hablar, con la vena así, pero aguantándomela... "¿Terminaste?", le pregunté. "Sí", me contestó, bien soberbio. "Bueno, entonces vamos a hablar de vos, ahora", le dije.

Y conté, delante del plantel completito, todo lo que era él, todo lo que había hecho, todo lo que yo sabía de él. Yo prefiero ser adicto, por doloroso que esto sea, a ventajero o mal amigo. Esto de mal amigo lo digo por la historia que terminó de alejarme de él y terminó de formar la verdadera imagen de Passarella para los demás: cuando él estaba en Europa, todo el mundo comentaba que se escapaba a Mónaco para verse con la esposa de un compañero, de un jugador del seleccionado argentino... ¡Eso hacía, y después lo contaba en el vestuario de la Fiorentina, como una hazaña! A mí me lo contó Pecci y me decía: "¡No puede hacer esas cosas y encima andar contándolas, Diego!". La verdad, no se lo bancaba casi nadie.

Y se armó el lío grande, ¡grande! Porque en aquella selección, hay que decirlo, había dos grupos. Por un lado, los que apoyaban a Passarella. Su banda. Ahí estaban Valdano, Bochini, varios. Passarella les había llenado la cabeza y por eso decían que nosotros habíamos llegado tarde porque estábamos tomando falopa, y que esto, y que lo otro... pero, más que nada, por supuesto, eso de que estábamos tomando falopa, y esos éramos nosotros, mi grupo.

Entonces yo le dije:

—Está bien, Passarella, yo asumo que tomo, está bien...

Alrededor nuestro, un silencio tremendo. Y seguí:

—Pero acá hay otra cosa: no estuve tomando en este caso... No en este caso, ¡mirá vos! Y, además, vos estás mandando al frente a otra gente, a los pibes que estaban conmigo... ¡Y los pibes no tienen nada que ver, ¿entendiste, buchón?!

La única verdad es que Passarella estaba queriendo ganarse al grupo de esa manera, sembrando cizaña, inventando cosas, metiendo palos en la rueda. Quería ganárselo desde que había perdido la capitanía y el liderazgo; lo tenía atragantado. Porque él fue un buen capitán, sí, y yo siempre lo dije. Pero yo mismo lo desplacé: el gran capitán, el verdadero gran capitán, fui, soy y seré yo.

Después de eso, cada vez que podía, él me jugaba feo, muy feo. Lo agarró a Valdano, que es un tipo muy inteligente, a quien todo el mundo escuchaba —incluido yo, que era capaz de estar cuatro horas con él sin poder meter un bocadillo— y le metió en la cabeza que yo estaba llevando a todos a la droga. ¡Que yo estaba llevando a todos a la droga! Entonces me planté, en el medio de esa reunión, y en nombre de mis compañeros y en nombre mío, por supuesto, le grité a Passarella:

—¡Acá nadie toma, viejo, acá nadie toma!

Y lo juro por mis hijas que no tomamos, que en México no tomamos.

Por eso, cuando Valdano vino a pedirme explicaciones, con la cabeza llena porque se la había llenado Daniel con lo de la droga, y también a darme una filípica, que yo no podía hacer esto, que yo no podía hacer lo otro... yo lo paré en seco. Le dije:

—Pará, Jorge, la reputa que te parió; vos, ¿del lado de quién estás? ¿Acá lo que te cuenta Passarella es verdad y lo que te cuento yo, no?

Entonces él me dijo:

—Bueno, está bien, contame...

Ya me había calmado:

—No, esperá, vamos a hacer otra reunión...

Allá fuimos, al comedor, porque en la concentración del América otro lugar no había para juntarse a hablar, y en la reunión, con Passarella presente, conté todo lo que sabía de él y se hizo otra vez un silencio profundo... Ya no tuvo reacción. ¡Qué va a tener reacción, si tenía menos reacción que una toalla! Él no sabía que a mí me habían conseguido el listado de llamadas internacionales, que teníamos que pagar entre todos, y eran sólo de él.

—A ver, ya que estamos... Estos dos mil pesos de teléfono que tenemos que pagar entre todos, porque nadie se hace cargo, ¿por llamadas de quién son?

Nadie saltó, nadie contestó, alguno miró el piso... No volaba una mosca. Lo que no sabía Passarella es que por aquellos tiempos, en 1986, hace treinta años, las cuentas telefónicas en México tenían detalle: en la factura venían los números, uno por uno... Y el número era el de él, ¡hijo de puta! Ganaba dos millones de dólares y se hacía el boludo por dos mil.

Entonces explotó todo. Porque yo podía pagar, y si quería pagaba yo solo, pero Passarella también podía pagar él solo, y nos estaba haciendo hacer una colecta entre todos para pagarle el teléfono. Y se creía que no lo íbamos a descubrir, y no pudo decir nada. "Mirá, Passarella, fijate que acá están todas las llamadas tuyas. No hay una llamada mía a Nápoles; no hay una llamada a Madrid de Valdano; no hay una llamada a otro lado; no hay nada de nada... Son todas tuyas".

Y ahí todos vinieron a pararse atrás mío. Estábamos al lado de un monstruo, un tipo que ganaba dos palos y medio verdes y nos quería hacer pagar al resto. Un monstruo, un caradura, un inservible. Y ahí, la división entre maradonistas y passarellistas quedó 21 a 1. El Bocha hablaba con él, pero porque estaba un poco loco... El resto, conmigo. Imaginate Brown, ¡ni equipo tenía el Tata! Islas, Pumpido, hasta Zelada... Hacían cola para pegarle.

Hasta que saltó Valdano: "¡Vos sos una mierda!", le gritó al Káiser.

Y se rompió todo. Ahí le agarró la diarrea, el mal de Moctezuma, cuando la realidad era que todos meábamos por el culo. Ahí le dio el tirón y ya no jugó el Mundial, esta es la verdadera historia. Ahí fue donde el plantel se dio cuenta de que Passarella no quería jugar.

Nosotros habíamos ido a visitarlo, como unos Carlitos, para hacerle compañía y hasta para jugar al tute con él, porque se sentía mal, cuando todos nos sentíamos mal... Yo le preguntaba a Pasculli: "¿Cómo cagás, Pedrito?". Y él me decía: "Yo meo por el culo". Y así todos. Passarella se aprovechó de eso. Le pusieron suero, lo trajeron a los dos días y entonces, antes del debut contra Corea del Sur... ¡le tiró en el gemelo! "Le tiró."

¡Andááá!

Lo queríamos ir a buscar al vestuario, lo queríamos matar a trompadas. Como que era un traidor: aparte de querer hacerles pagar el teléfono a los muchachos, no quería jugar con sus compañeros —que encima lo fueron a ver a la clínica— y ahora resultaba que en un calentamiento al ritmo de Benjamín... ¿le tiraba el gemelo?

¡Mentiraaaa!

Después, hasta se fue a tomar sol a Acapulco. Y hubo un vivo que puso una foto de él con la mujer en el pizarrón donde Bilardo iba a dar la charla técnica para el partido contra Inglaterra, entre esas flechitas que no servían para nada. Hoy, si Daniel tuviera la posibilidad de ir a preguntarles uno por uno a los muchachos, le dirían lo mismo: que se equivocó. Y también dirían que ese fue el momento donde el menottismo y el bilardismo se quebraron. O se unieron, porque ya no hubo una disputa, porque los que defendíamos a Menotti lo defendíamos igual a Bilardo. Porque, ¿a mí qué me iba a decir Bilardo? ¿"Juegue por izquierda" o "Juegue por derecha" o "Juegue de lateral izquierdo" o "Vos jugá libre"? Lo mismo me decía el Flaco.

Y digo esto, ahora, lo cuento tal cual como fue y tal como pensaba, sabiendo que en aquel momento Menotti no se jugaba tanto por mí en las declaraciones.

Tantos años después sigo pensando lo mismo. Passarella nunca digirió aquello de que yo era el único titular y capitán en el equipo de Bilardo, nunca. Y entonces empezó a meter presión. En una nota de octubre del '85 de *El Gráfico*, había delcarado: "Soy titular o no juego en la Selección".

En aquel momento, yo ya estaba cansado del conventillo, de los celos y de todas las pelotudeces y salí con los botines de punta. Armé una conferencia de prensa en Nápoles, y dije de todo. Hablé como capitán, aunque no como dueño de la verdad absoluta, y lo hice sin haber conversado antes ni con Bilardo ni con Passarella. En ese problema yo estaba en el medio. Para Bilardo, aparentemente, el único titular era Maradona. Yo consideraba que

Bilardo había estado muy claro de entrada, pero no sabía lo que pensaba Daniel. Lo único que podía decirle, como amigo suyo que creía, que creía que era fuera de la cancha, como compañero y como jugador, que lo fundamental era el respeto a las trayectorias. Daniel sabía que Bilardo nos había respetado desde el llamado para las eliminatorias. Después, si le había hecho o no promesas, eso no lo sabía, era un problema en el que ellos tenían que ponerse de acuerdo.

Pero que ahí hubo algo raro detrás, eso no me lo quita nadie de la cabeza, por todo lo que leí y lo que me contaba mi mamá por teléfono desde Buenos Aires.

Passarella quería la titularidad, pero todos sabíamos —los que estábamos a su lado y lo habíamos visto luchar como un león por la camiseta argentina— que él era un ganador nato. Entonces, yo me preguntaba: ¿por qué nos hacía sufrir con la amenaza de una renuncia que no quería nadie, ni siquiera Bilardo?

Cada técnico tiene sus jugadores. En los tiempos de Menotti, si alguno le tocaba a Passarella se armaba un quilombo nacional, y todos lo entendíamos porque él era el capitán, el hombre mimado de todos, como antes lo había sido Houseman, y nadie decía nada. Yo renuncié una vez a la Selección de Menotti, porque en ese momento creía que debíamos estar todos en el mismo nivel, pero después volví. Por eso no quería criticar a Passarella por lo que hacía, porque era grande y yo no iba andar indicándole qué debía hacer. Lo único que le podía pedir como capitán y compañero era que tratara de arreglarlo de la mejor manera posible. En la concentración, él sabía que era titular, porque era un líder y por todo lo que significaba dentro y fuera de la cancha. Lo necesitábamos, lo necesitaban todos los argentinos. Y a mí eso era lo único que me importaba. Pero el capitán era yo.

Lo que le pedí a Passarella fue que decidiera por él mismo, no por otros. Lo conocía mucho y por eso me parecía que detrás de todo aquello había algo muy extraño, aunque no sabía lo que era. Si lo hubiera sabido, lo habría dicho, porque me gustaban y me gustan las cosas claras.

Yo no sabía, y no me interesaba saber, si lo de Bilardo era un capricho o qué era, pero nosotros siempre respetábamos lo que decía el técnico. Me preguntaba, ¿por qué entonces las cosas debían cambiar? Daniel, por el solo hecho de estar entre los veintidós, sabiendo lo que le daba al plantel desde adentro, no necesitaba que Bilardo le dijera: "Vos sos titular". Él fue titular desde siempre. Sólo sé lo que decía Bilardo en ese momento: "La capitanía es un problema que no existe. Yo agarré todo desde cero, arranqué sin tener en cuenta lo que había sucedido antes… Y consideré que, a partir de las eliminatorias, Maradona tenía que ser el capitán. Es el hombre más representativo que la Argentina tiene a nivel mundial. No sé por qué Passarella podría estar enojado".

Y Passarella, muy bicho, no ayudaba mucho con lo que decía: "Lo que Bilardo me dijo, y yo ya sabía, es que Maradona debe ser, a su juicio, el capitán. Yo le contesté que aceptaba la decisión porque él es el DT, el que tiene, en ese tema, la última palabra".

Lo que yo tenía claro era que, cuando más unidos teníamos que estar, ¡no podíamos desunirnos! Nos estaba apurando Passarella y yo no iba a dejarlo. No podíamos seguir con el menottismo y el bilardismo. Tenía las pelotas llenas, nos estábamos matando entre nosotros. Y tenía autoridad para hablar, ¿eh? Yo venía de quedarme afuera mal del Mundial '78, porque sigo diciendo que tendría que haber estado —no voy a dar nombres, porque yo sé quién tendría que haber salido, había tres candidatos— y venía de devolverle en el '82 la capitanía que Menotti me había dado en los Juveniles del '79. O sea, el Flaco autoridad tenía, y le estuve agradecido toda la vida, y le seguiré estando, por lo que hizo por mí.

En medio de todo el lío aquel, me había tocado enfrentarme con Passarella en la cancha: Napoli contra la Fiorentina, en Florencia, el 13 de octubre del '85. Los diarios italianos estuvieron toda la semana dale que dale con el duelo, con la pelea, un circo bárbaro. "Daniel, ricorda che adesso sono tuo capitano", me acuerdo que tituló *La Gazzetta dello Sport*: "Daniel, acordate que ahora soy tu capitán". Fuerte el titulito.

En realidad, ellos me habían preguntado si había hablado con Passarella del tema. "No, somos grandes, hay que comprender. No hay necesidad de hablar. Daniel es un tipo inteligente, además no está escrito en ningún lado que uno deba ser capitán toda la vida", les contesté yo. Sí, ahí había una chicana pero Passarella prefirió escaparse con la respuesta: "Prefiero no hablar porque no pertenezco por el momento a la Selección".

Al final, salimos 0 a 0, nos dimos la mano y yo declaré lo que realmente pensaba en ese momento: que para mí era titular indiscutido en la Selección. Era suficiente, ¿qué más querían? Pero la historia siguió, siguió.

A Passarella, la verdad, yo siempre lo respeté muchísimo como jugador. Pero cuando a mí me designaron capitán él ni se acercó a felicitarme, a saludarme. Fue lo primero que me extrañó. "Estará caliente", pensé. Pero lo cierto es que desde ahí hubo un corte.

Fue bueno contarlo, porque después con Valdano hicimos muchas charlas y hasta se apegó mucho a mí. Y el tema Passarella quedó cerrado. Faltaban un par de pavadas más para ponerle llave. Pero eso iba a pasar cuando ya estábamos en México, en la concentración.

Sombreros mexicanos

Cuando *El Gráfico* quiso hacer la famosa foto de los sombreros mexicanos para la tapa de la revista, yo ahí ya me sentía capitán capitán y Passarella estaba muerto... Por eso la quise hacer igual, como capitán: "¿No me viniste a felicitar? Bueno, ahora te refriego la cinta yo en la cara... Mirá, la cinta está en mi brazo izquierdo". Para mí, eso era la vida, porque el capitán era el que peleaba los premios, era el que llevaba al grupo, era el que le decía al Profe fíjese esto, fíjese lo otro. El liderazgo ya estaba definido desde el primer día, pero ahí se abrió el agua. No voy a negarlo: yo me había fijado mucho en él, ¿cómo no me iba a fijar si él tenía 33 años y yo apenas 25? ¿Cómo no iba a respetar lo que había hecho él hasta ahí? Pero si yo te respeto, respetame vos también a mí, papá. ¡Res-pe-ta-me! Y la verdad es que a él eso le costaba un huevo.

Pasó en la producción de fotos, pasó. Yo pregunté qué había contestado él cuando me invitaron. Y sé que él preguntó qué había contestado yo. Caímos los dos juntos, puntuales, en una cancha de entrenamiento.

Apenas trajeron las bolsas con los sombreros mexicanos, yo lo primerié... Elegí uno que tenía una franja mostaza, que parecía la franja amarilla de la camiseta de Boca. Y le dejé a él uno bordó: "Este es de River, ponételo vos", le dije. Trataba de aflojar un poco el ambiente, pero él estaba tenso y se notaba. No le gustaba nada que nos pusieran a la misma altura... A ver si se entiende, de una vez por todas: los periodistas preguntaban por qué a él no le aseguraban la titularidad, como a mí. Si te das una vuelta por el archivo lo vas a leer. Él era un peso pesado; a mí todavía me miraban de reojo.

Hicimos la foto y el que más nos hizo reír, como siempre, fue el Profe Echevarría, que apareció por ahí y no podía creer lo que estaba viendo. La carcajada de él nos contagió a nosotros. Passarella decía que no quería abrir mucho la boca, para que no se le vieran los dientes desparejos de abajo... Falso como dólar celeste. Yo me sentía dueño de la situación. Por eso, me parece, él no quiso quedarse a hablar después de la foto. Decía que había entrenamiento a las seis y que quería ser puntual. Pero faltaba para las seis, nos podíamos quedar. Yo me quedé.

¿De dónde sacaron que yo me creía Dios?

Fue en ese momento que declaré que me encantaría ser el mejor jugador de México 86. Y que estaba afiladísimo para serlo. Pero enseguida aclaraba: "Siempre y cuando también Argentina haga un gran papel". Porque una cosa iba agarrada de la otra; los grandes jugadores tienen el respaldo de los grandes equipos.

Un periodista había dicho que yo me creía el Dios del fútbol. A veces tenía que aguantar cosas insoportables. ¿De dónde habían sacado una cosa así? Ahí no había reyes ni dioses. Lo único que quería ese plantel era respetar la historia del fútbol argentino. Los europeos nos decían que íbamos a quedar entre los cinco primeros y, en la Argentina, algunos decían que nos volvíamos en la primera vuelta. Esto nos dolía mucho, porque necesitábamos el respaldo.

Nos hubiera venido muy bien tener ese apoyo, pero como no lo tuvimos el grupo se fue fortaleciendo de otra manera. Con esas reuniones, por ejemplo. Nos veíamos cada diez minutos para hablar de esto, de lo otro. Y aquella reunión inicial en Colombia, más que dura, había sido positiva.

Eran otros tiempos, había cosas que hoy parecen boludeces. Los que ya jugábamos en Europa, por ejemplo, sabíamos que todas las mañanas teníamos que pasar por el consultorio para darnos una inyección para fortalecer el hígado. Los que jugaban en la Argentina no estaban acostumbrados a eso. A veces aparecía algún fastidioso al que se le escapaba la tortuga y preguntaba: "¿Y esto para qué sirve?". Y había que explicarle. Se discutían cosas que tenían que ser normales, pero así era el grupo. No digo que discutiéramos por una inyección, pero la cuestión era unirse, unirse, unirse.

Eso era, para mí, lo más importante: compartir la misma idea. Por ahí, por ahí alguno pensaba que yo hacía todo eso sin darme cuenta... Pero, no, no, para nada. Estaba todo pensado. Yo quería un grupo en serio porque la que se venía era brava, brava. Estábamos fundando un grupo, el grupo.

Por eso, escuché a todos los que vinieron a verme, alguno hasta para decirme cómo le gustaría que fuera un capitán. Valdano, por ejemplo. Lo que Jorge no sabía era que yo me venía preparando desde los Cebollitas para eso.

Muchos pensaban que yo no era el más indicado para ser capitán, porque a mí me buscaban y me pegaban todos... ¡pero yo no reaccionaba por esas cosas! Y el que se había quedado con mi imagen de España 82, después de pegarle una patada en los huevos al brasileño Batista, era un careta. ¡Habían pasado cuatro años! ¿Se creían que no había aprendido nada? Ya era el capitán del Napoli. Y de la Selección argentina. No era de los que perdían la cabeza por una patada. A mí me daban y yo seguía, había aprendido a hablarle el referí.

Y, ¿saben qué? No lo tomaba como una carga, como una responsabilidad. ¡Al revés! A mí la cinta me daba más fuerza, no me pesaba. Lo había hablado con el Cabezón Sívori en Italia y lo había visto al mismo Passarella. Pero yo creía en mí y en una forma de ser capitán. Por ejemplo, eso de hablar todo. Ser capitán suponía no encanar a nadie, no ser botón... Si había cosas para decir, que fueran en la cara. Esa era mi forma de ser. Y así quería que fuera todo el plantel. Por eso las reuniones. A cara de perro, viejo.

Faltaba menos de un mes. Sólo quedaba entrenarnos para llegar de la mejor manera. Sabíamos muy bien lo que queríamos. Pero también sabíamos muy bien de dónde veníamos. Y no había sido nada fácil la cosa, nada fácil.

Capítulo III

Pegarle a Maradona

ARGENTINA 3, COREA DEL SUR 1
MÉXICO DF, LUNES 2 DE JUNIO

Cuando aterrizamos en México, el 5 de mayo, los diarios titularon "Empezó el Mundial". ¡Nos recibieron como a héroes! Estaban las cámaras de televisión, las de Televisa, que nos iba a seguir a todas partes... Claro, éramos los primeros en llegar y todavía faltaba casi un mes para el primer partido. Pero para mí el Mundial había empezado mucho antes.

Desde marzo, todos los lunes, jugáramos donde jugáramos con el Napoli, yo viajaba a Roma, al Centro de Medicina del Comité Olímpico Italiano, el CONI. Fernando Signorini, un fenómeno de entrenador y de tipo, se había leído todo sobre un récord que Francesco Moser, el ciclista italiano, había batido en la altura de México, en el '84. Primero, en enero, me llevó a ver a unos tipos a Milán: les preguntó tantas cosas que en un momento yo le dije: "Ciego, pará de preguntar que van a pensar que no sabés nada...". Pero fueron ellos los que nos dijeron que el hombre clave era el profesor Dal Monte, Antonio Dal Monte. Un fenómeno. Estaba a cargo de todas esas cosas científicas del deporte italiano y lo conocía muy bien a Enzo Bearzot, el técnico de la Selección. Es más: nos contó que Bearzot había estado con él, en México, cuando Moser batió el récord. Pero que no quería saber nada de trabajar al equipo con él.

—Que se jodan, se van a volver en el primer turno —le tiré yo.

—Para mí sería lo más grande poder entrenarte —me dijo él.

El tipo me compró con esa frase.

—¿Cuándo empezamos? —le pregunté.

—El lunes que viene…

—Faltan tres meses para el Mundial, ¿alcanza?

—Vas a llegar diez puntos.

El plan físico me entusiasmó. Arrancaba con la evaluación, seguía con los entrenamientos y terminaba en los "diez puntos" que Dal Monte me había dicho justo para la competencia. Y dije "ma' sí, vamos a darle para adelante". Y sí, la verdad es que llegué diez puntos. Lo que se hacía en ese centro no se hacía en ninguna parte. Yo estaba fuerte, fuerte. Si ves las fotos de esa época, parezco un boxeador, los brazos marcados, los pectorales, un lindo pendejo… ¡Volaba! Llegué muy embalado, estaba en el aire. Era mi Mundial o el de Platini. Y yo sentía que, físicamente, en México iba a poder sacar ventajas si estaba bien. Más que en otro lado. A nivel del mar me iban a poder perseguir, pero en México, si yo estaba bien, eso de seguirme por todos lados se les iba a complicar. Al final, a mí, la altura terminó favoreciéndome.

Para esa época, se había ido Cyterszpiler y yo había llevado a Guillermo Cóppola para que me ordenara las cosas. Pero de todo eso, ahora no voy a hablar. Lo que tenía que decir ya lo dije. ¿De qué sirve volver a hablar ahora? Los que tienen que saber qué hicieron y qué no hicieron, ya lo saben. Dejame recordar, aunque sea por una ratito, que mi diversión era, y es, la cancha, la pelota. Yo no quería revancha con nadie. Y hoy, gracias a mi viejita y a mi viejo, que están arriba, Dios me ha hecho recuperar más de lo que perdí en su momento. Así que a Dios no le puedo pedir más nada. Y tampoco tengo más nada que decir, por ahora.

El que seguía conmigo en ese momento, sí, era Signorini, Fernando, el Ciego, y se iba a venir conmigo a México, junto con Salvatore Carmando, que era el masajista del Napoli, otro fenómeno. Los dos a mi cargo. No le iban a costar un centavo a la Selección y no se iban a meter con cosas del grupo. Pero para mi físico los dos eran fundamentales y yo no quería dejar ningún detalle, nada. Por eso tampoco viajó Claudia ni nadie de la familia. Sólo mi viejo, don Diego, y mi suegro en ese momento, Coco, que también se iban a integrar al grupo como asadores oficiales. Nadie más.

Hablemos menos del planteo y más del plantel

Cuando entramos en la concentración del América, no lo podíamos creer. ¡Era un burdel! Le faltaban las putas, nomás. Porque, con todo el respeto del mundo por la gente que trabajaba ahí y por el cariño con el que nos recibieron, llegamos y tuvimos que poner las lamparitas nosotros, porque las habitaciones no estaban todas terminadas. En serio: Pachamé se puso al frente, como un maestro mayor de obras. Las habitaciones eran chiquitas, de ladrillo, sin revoque, con una lamparita en el techo y dos catres… Nada más. No entrábamos todos, porque estaba preparada para un plantel de 16 jugadores y nosotros éramos 22, más el cuerpo técnico. Por eso hubo que armar una donde estaba el quincho, con un cartón en el medio. Ahí fueron a parar Valdano y Trobbiani. Era "La isla", así la bautizaron, porque estaba aislada del resto. Ahí también estaba El Tata, que se lo tenía que fumar al Káiser y después terminó ganándole el puesto, y también el Cabezón con Almirón.

Las habitaciones tenían número: esas eran la 14, la 15, la 16 y la 17. Número 13 no había. Más allá de las cábalas, eso era lo que le gustaba a Bilardo: que el jugador sufriera. Yo me la bancaba, como se la bancaban todos, pero... ¡dejate de joder! Había llevado a catorce pibes a Tilcara, antes del Mundial. ¿Qué necesidad tenía? ¿Para justificar qué cosa? Es el día de hoy, encima, que se sigue diciendo que hicieron una promesa cuando estuvieron ahí. Y que, como no la cumplieron, no salimos más campeones del mundo. Pero, ¡por favorrrrrr, lo único que falta!

No me jodan: yo lo veo ahora, con el paso del tiempo, y creo que hacía esas cosas para frenar la "cabrón" que se le venía, porque en la cancha éramos un desastre y había que justificar. Juego, lo que se dice juego, hasta ahí no habíamos tenido. En serio, pintábamos para ser la selección más fea del Mundial.

Por eso hoy digo: no le demos tanto crédito a la táctica del técnico y démosle más crédito a los jugadores. Dejémonos de hablar del planteo de Bilardo y empecemos a hablar del plantel. Treinta años después, me parece lo más justo.

La cosa fue que nos instalamos ahí, antes que nadie, y empezamos a vivir el Mundial, como nadie. Yo compartía la habitación con Pedrito Pasculli; era la 6, pero si fuera hoy, pediría la 10. Era una habitación como todas las demás: dos catres, paredes de ladrillo a la vista... Primero estaba pelada, pero después empezamos a pegarle fotos con Pedrito. Desde la Virgen de Luján hasta Valeria Lynch, teníamos de todo.

Después estaban el Clausen y Burru, que se conocían de Independiente. Nery y el Vasco. El Bocha con el Gringo, los dos del Rojo, también. El Bichi, que era un pendejo, con Cucciuffo; un grande el cordobés, qué loco que después le pasara lo que le pasó, una desgracia; me acuerdo cómo disfrutó el Mundial, como un chico. El Mago Garré con

Zelada, que era un arquerazo y estaba ahí bien de local, porque jugaba en México. El Chino Tapia con el Negrito Enrique. El Loco Islas, que también era muy pibe pero tenía un carácter tremendo, con Checho.

Moschella, Rubén Moschella, que se ocupaba de todo lo administrativo, compartía el cuarto con Molina, uno de los masajistas. Digo uno de los masajistas porque yo me había llevado a Carmando. Salvatore estaba en una habitación increíble: la compartía con Roberto Mariani, que era un ayudante de Bilardo, el Ciego Signorini y Lorenzo Di Lorenzi, más conocido como el Loco Galíndez. ¡Por Dios, lo que era esa habitación! Como decía yo: "Duermen tan apretaditos que sueñan lo mismo".

Galíndez, que también era masajista y de todo, porque trabajaba en la utilería y era el cómico del grupo, terminaba fundido todos los días. Habíamos visto que, a la noche, encaraba para su cuarto y se tiraba en el catre como si fuera una pileta; caía desplomado. Un día, le aflojamos los tornillos a las patas de la cama y esperamos a que fuera a tirarse, amontonados todos en una ventanita que había por ahí. Y no falló: Galíndez se tiró y… ¡blum!, el colchón contra el piso. Cuando nos vio a todos espiando por la ventana, nos quería matar. No fue lo único que hicimos: así como nos matábamos diciéndonos en la cara todo lo que nos teníamos que decir, también jodíamos como chicos. Es que no había mucho para hacer, además de entrenarnos. No era época de teléfonos celulares, viejo, fijate si no el quilombo que se armó con Passarella por usar la única línea telefónica que había en toda la concentración.

Después, todo era cuestión de leer los diarios deportivos mexicanos, el *Esto*, *Ovaciones*, *La Afición*, y esperar que llegara *El Gráfico* desde la Argentina. ¿¡Qué computadora ni computadora!? No había nada de eso. El primero que se levantaba, siempre, era Trobbiani, un hinchapelotas: a las siete y media de la mañana andaba dando vueltas por las canchas. A mí me encantaba ir a tomar mate a la utilería, con Tito Benrós y con el Loco Galíndez. En las utilerías se respira fútbol; los tipos laburan como bestias, llegan a la cancha cuatro horas antes que vos y se vuelven cuatro horas después.

¿Dieta? Las pastas de Carmando y los asados de mi viejo

Como ya dije varias veces, yo soy un anticoncentración. Pero aquella no me ahogó porque hicimos muchas cosas que los jugadores queríamos hacer. Hicimos el viaje ese a Colombia y nos volvimos antes, porque queríamos estar donde se vivía y se sentía la altura de verdad. Más allá del temita de las habitaciones, a mí me encantaban las canchas. El predio era enorme, tenía como cuatro hectáreas, un bosque alrededor. Estaba lejos del centro, como a cuarenta minutos, y bien cerca del estadio Azteca, a cinco minutos. Eso sí que estaba bárbaro. La verdad es que nos fuimos adaptando a todo. Y el lugar terminó siendo nuestra casa. Uno que tenía la entrada libre ahí era el Zurdo López, que había sido técnico mío en Argentinos y que dirigía al América. Un grande, que siempre estaba a disposición para solucionar cualquier cosa.

Bilardo organizaba de vez en cuando partidos contra equipos locales y juveniles. Era un peligro, porque por ahí los pibes te entraban con todo. Pero nosotros nos queríamos entrenar, queríamos correr, queríamos acostumbrarnos de una vez por todas al maldito tema de la altura. Queríamos los entrenamientos para ganar aire. El pecho nos explotaba y queríamos que nos explotara más, para que cuando llegara el momento de jugar los partidos a las doce del mediodía no sintiéramos más de todo eso. Me acercaba al Checho y el Checho me decía:

—No puedo, no puedo...

—Yo tampoco, pero dale, dale, vamos...

Nos agarrábamos del brazo y nos empujábamos.

—Pará, Maradona, pará —me decía.

Y yo:

—Dale, dale, dale, Checho, que podemos. Dale.

Yo tenía unas ganas terribles. Pero Bilardo no nos dejaba entrenar, nos pedía que paráramos. A veces, nos organizaba esos partidos al mediodía, y después alguna práctica a la tarde. Pero lo único que quería era que descansáramos. Y yo no quería saber nada: era una de las tantas diferencias que teníamos.

Un día, lo encaré a Tito Benrós:

—Dame una pelota, nos vamos a jugar.

—Pero, Diego, no puedo. Bilardo me va a matar.

—Vos dame la pelota y dejate de joder, porque si no te voy a matar yo.

Nunca lo hubiera matado a Tito, era un fenómeno, pero Bilardo lo tenía cortito. Me dio lo pelota y al rato éramos varios, él incluido, jugando un picado entre nosotros en un pastoreo del fondo, atrás de las canchas.

Muchas veces yo lo agarraba al Profe Echevarría:

—Profe, lo veo lento al Bocha, a Almirón, a este, al otro. Y a mí también. Atrás de las habitaciones hay otra cancha. No le diga nada a Carlos, agarre unos conitos y vamos para allá. Haga un zig-zag, un pique largo, un zig-zag, diez pasadas, dos vueltas, diez pasadas, dos vueltas... Y listo.

—¿Ves? Por eso te quiero tanto, Diego. Dale, vamos... Yo los quiero entrenar, pero Carlos no quiere —me decía el Profe.

A Echevarría hay que hacerle un monumento, un monumento gigante. Era un genio. Además, era el que contenía a Bilardo. Se me acercaba a la cama y me decía, hablando bajito:

—¿Hoy te vas a entrenar? ¿O te duele el tobillo?

—Me duele un poquito —le contestaba yo.

Y entonces él me decía:

—Quedate tranquilo, que saco a pastar a las yeguas primero y después te sumás vos, despacito...

Sabía todo el Profe. Gran tipo.

Madero, el tordo Eduardo Madero, en cambio, todavía no sé ni a qué fue a México. El tordo les pasaba a los periodistas unas dietas bárbaras, que sopa crema de arvejas, que ravioles a la crema con nueces, que peceto con papas *noisette*, que flan con crema, que vermicelli al ajo, que pollo a la portuguesa, que hidratos de carbono de acá, que no sé qué cosa de allá...

Las únicas dietas que me acuerdo son las del Loco Oliva. El doctor sabía de todo y yo confiaba ciegamente en él. Y pueden hablar de este menú y del otro, y la verdad que Julito Onieva, el cocinero, era un fenómeno; pero si me hablan de comida yo me acuerdo de las pastas de Carmando, que servía en unos fuentones gigantes cuando se las pedíamos, y de los asados de mi viejo, dos veces por semana.

Después, sí, de las comidas en el restaurante Mi Viejo, de Eduardo Cremasco, que se convirtieron en un clásico. El Cabezón había sido compañero de Bilardo en Estudiantes y estaba instalado en México desde hacía mucho tiempo. Primero, fue el tipo que nos conseguía la carne para los asados. Y después, fue parte de las cábalas, que eran miles: por ejemplo, después de los partidos íbamos siempre a comer al restaurante de él, que quedaba en Polanco, un barrio bien bacán del Distrito. Y antes de los partidos teníamos otra, que era dar una vuelta por el shopping Perisur. Era un centro comercial gigante, con cuatro grandes tiendas: Liverpool, El Palacio de Hierro, Sears y

Sanborns. A Sanborns fue el equipo la primera vez. Digo fue el equipo porque yo me quedé, me dolía la rodilla y tenía miedo de que me pasara algo. Porque al principio todo bien, pero la cosa se iba a complicar a medida que avanzara el Mundial.

Eso sí, con mucha gente o poca gente, teníamos que clavarnos unas salchichas que parecían palos de amasar y tomar un helado en Helen's. Hasta los gorritos de telgopor de la marca nos poníamos: no sé si le hacíamos publicidad gratis, pero a nosotros nos servía.

Y también estaba lo del ómnibus; lo usábamos todo el tiempo, porque todo nos quedaba cerca. Para ir hasta el estadio Olímpico, por ejemplo, donde íbamos a debutar. Ojo, no te imagines un ómnibus de lujo, eh. Era más bien una combi. Y así era todo. Hacíamos boludeces, una detrás de la otra. Yo siempre decía "Hasta luegooooo" cuando salía de la concentración, como para que quedara bien clarito que iba a volver, y el Profe Echevarría se paraba en el medio del pasillo antes de salir: "¿Estamos todos?", nos preguntaba, cuando ya sabía que sí, estábamos todos.

El último en subirse era Pachamé: se sentaba con Bilardo en la primera fila. Y en el medio, justo en el medio, íbamos los quilomberos, los que empezábamos con los cantitos y no parábamos de joder: el Chino Tapia, Islas, Zelada, Almirón, el Vasco, hasta Mariani se prendía a veces… Y adelante iban dos motos, pero no las podía manejar cualquiera: tenían que ser Jesús y Tobías, que habían estado el primer día, cuando aterrizamos, casi un mes antes del primer partido. Si el viaje era hasta el estadio Olímpico o hasta el Azteca, tenía que tardar siempre lo mismo que había tardado la primera vez: si para eso había que ir a los pedos o quedarnos parados un rato, se hacía.

Al llegar a los estadios, porque eso había pasado en el primer partido, nos tenían que entrevistar siempre los mismos periodistas, el Ruso Ramenzoni y Tití Fernández. Una cosa de locos: la única vez en la historia en la que los jugadores buscaban a los periodistas para que los entrevisten...

Y lo que no podía faltar, tampoco, era la música. Siempre, siempre los mismos temas: uno bien románico, "Eclipse total del corazón", de Bonnie Tyler; otro que me hacía llorar como un nene, "Gigante chiquito", de Sergio Denis; y el que me hacía poner tan fuerte como los entrenamientos de Dal Monte, el mejor: el tema de Rocky... Si no salías a comerte a los rivales crudos con esa música, más la rabia, la furia y las ganas que teníamos nosotros, no existías. No podías formar parte de ese plantel.

Los favoritos nunca ganan

La verdad, lo único que necesitábamos en el debut era ganar. Ganar como fuera. Nos habían cagado tanto a palos con las críticas antes de llegar al Mundial, que perder contra un equipo de tipos que parecían robots, todos igualitos, era directamente la muerte. Yo estaba convencido de algo: si no éramos los favoritos, mejor; los favoritos nunca ganan.

Y estoy convencido todavía de que muchos argentinos nos miraban de reojo, ni la formación entendían... Y, la verdad, nosotros tampoco.

Dos días antes del partido contra Corea del Sur no sabíamos si íbamos a jugar con dos *stoppers* o con dos laterales, si jugaba Cucciuffo, o jugaba Clausen, o jugaba Garré. ¡No sabíamos! Y encima, estaba el temita de Passarella, que nos tuvo en pelotas hasta el filo del partido.

Dos días antes, Bilardo había parado un equipo, en una práctica de cuarenta y cinco minutos, en la que Passarella todavía estaba. Y eso que ya había empezado con la cagadera. O, por lo menos, eso decía. El equipo que paró fue con Pumpido en el arco; Clausen de lateral derecho; Passarella y Ruggeri como centrales; y Garré como lateral izquierdo; en el medio, Giusti, Batista, Burruchaga y yo; arriba, Valdano y Pasculli.

Que alguien me explique ahora qué tenía que ver esa formación con la que terminamos jugando, ¡que alguien me explique! Pero, bueno, eso es parte de esta historia, de la verdadera historia. Porque si el Vasco Olarticoechea, que ni figuraba al principio, no la saca de nuca contra los ingleses, todavía estamos discutiendo, viejo... Que me dejen de romper las pelotas con la táctica de Bilardo, que no se dio cuenta de que entró el Negro Barnes y nos desbordó dos veces por el mismo lado y él no hizo nada. ¿Por qué nadie dice que se equivocó, por qué? Pero ya me estoy dando manija y para ese partido todavía faltaba.

Sólo digo que estoy podrido de escuchar que el gran ganador del Mundial '86 es Bilardo. Bilardo, ¡las pelotas! Los ganadores del Mundial '86 fuimos los jugadores, del primero al último, porque nos bancamos hasta la última forreada de Bilardo. Porque lo que a Bilardo le gusta es que el jugador sufra. Y con esa idea, se quedó en el tiempo.

Como se quedó, en aquellos días, Passarella.

Tuvimos que esperar hasta el día del partido para enterarnos. Salíamos a las diez de la mañana de la concentración, porque el estadio Olímpico nos quedaba bastante cerca también, y diez minutos antes nos anunciaron que el Káiser, el ex gran capitán, no iba a jugar.

"Jugás vos", le dijo Bilardo a Brown, que ni club tenía. Era suplente de Deportivo Español.

Me acuerdo del lío que se armó: el julepe que tenían todos, porque todos creían saber lo que se perdía sin Passarella y nadie se imaginaba lo que podía rendir el Tata. Bueno, nadie, no. Mis compañeros y yo, sí. Confiábamos ciegamente en ese tipo que, sabíamos, iba a dejar la vida por la camiseta argentina. Un tipo que era del riñón de Bilardo, pero le importaba un carajo el bilardismo o el menottismo. Un tipo tan humilde que, en aquella gira horrible que habíamos hecho por Colombia, antes del Mundial, se había quedado mirando un Rolex, en el free shop, como si fuera un chico.

—Comprátelo —le dije.

—No puedo, Diego —me contestó.

Cuando llegamos a la concentración, a la vuelta, lo fui a ver a la habitación y se lo regalé. Tenía la intuición de que ese tipo nos iba a dar una mano grande para ganar el Mundial.

Pero antes teníamos un partido, varios partidos. El primero, el debut, sobre todo: ¡imaginate lo que hubieran dicho si no podíamos contra esos Park, Chu, Jung! Ni los nombres conocíamos, y Bilardo, menos. Nos había matado a videos, pero no sabía quién era quién. ¡Si eran todos iguales!

Eso sí: lo que no imaginábamos era que los coreanos nos iban a pegar tanto como los que nos criticaban. O más. Y lo que sí sabíamos era que el partido lo podíamos ganar por arriba, más allá de los cambios y cambios que hacía Bilardo en las prácticas. Era por arriba porque… los coreanos eran bajitos. Más claro y más fácil, echale agua. Y que, físicamente, teníamos que superar el primer ahogo, porque los coreanitos eran bravos físicamente: había que estar más rápidos que ellos. Para eso nos habíamos preparado.

El lunes 2 de junio, el día del partido, apenas salimos a la cancha del estadio Olímpico, ahí mismo en el Distrito Federal, nos dimos cuenta de que también íbamos a tener en contra a algunos mexicanos. No a todos, eh, no a todos. Pero era lógico: siempre se inclinan por los más débiles. No creo que lo hicieran por antiargentinos ni nada de eso.

Sólo que sabían que nosotros les podíamos meter cuatro a los coreanos. Me jodió, sí, que después gritaran los goles de Alemania, pero para eso faltaba un montón todavía. Habría unos tres mil argentinos que gritaban todo lo que podían, unos cuantos coreanos que hacían un quilombo bárbaro y más de cincuenta mil personas en total… Menos ese grupito nuestro, que andá a saber por qué confiaban, ¡todos en contra! Nada nuevo para nosotros. A esa altura, era lo mejor que nos podía pasar; ya estábamos acostumbrados y nos daba más fuerza todavía.

El primer gol del Mundial

Nunca me voy a olvidar de la primera formación, la que dio el primer paso. Pumpido; Clausen, Brown, Ruggeri y Garré; Giusti, Batista, Burruchaga y yo; Pasculli y Valdano.

A los treinta segundos, ¡a los treinta segundos!, me dieron el primer patadón. Se llamaba Kim, o algo así, y me entró con todo de atrás. El gallego Sánchez Arminio, el referí, ni mu. Nada. Y eso que ya hablaban de Fair Play. El ex jugador de waterpolo que era presidente de la FIFA, João Havelange, se había llenado la boca toda la semana con un discursito: "Defiendan la habilidad, castiguen la violencia". Linda frase para una calcomanía, pero en la cancha, nada…

Yo me levanté sin protestar, agarré la pelota y la puse para el tiro libre. Eso ero lo que necesitábamos: tiros libres cerca, o no tan cerca, del área, como ese, el primero, que no servían para mandar la pelota por arriba. En esa, la primera, ya la intentamos. Yo la tiré a la derecha y Valdano no la pudo controlar, pero era el camino… ¿Jugada preparada? Sí, jugada preparada por nosotros, por los jugadores. Si no teníamos jugadas preparadas, ¡no teníamos jugadas preparadas, viejo!

Me hicieron once *foules*. Once. No sé si son muchos o pocos, pero todos fueron muy violentos. Muy.

Vuelvo a ver el partido por primera vez, ahora, y después de treinta años me duele. Hay fotos que no parecen de fútbol: ¡eran karatecas! Uno me entró tan fuerte con los tapones que me traspasó la media ¡y la venda! Y miren que yo usaba vendas que eran como yesos, ¿eh? Y por encima de las medias. Me vendaba así, una costumbre de siempre. Carmando, aparte de masajearme, hacía eso también. Era un ritual en el vestuario. Eso me daba más seguridad: me ajustaba bien las canilleras, primero. Me ponía las medias, después, y me las subía bien hasta arriba, por arriba de las rodillas. Ahí recién aparecía Carmando con sus manos mágicas y me vendaba, vuelta y vuelta. Era un yeso, te juro.

También usé siempre los mismos botines, los Puma King, en todo el Mundial. Me había llevado cinco pares a México y los iba ablandando hasta sentirlos parte del pie. Me los probaba todas las noches previas al partido, pero al final siempre usaba los mismos, unos que me quedaban como un guante. Y los tapones eran fundamentales: altos atrás y bajos adelante. Jamás voy a decir que jugaba con tacos altos, je, pero esa diferencia se la recomendé a varios jugadores y varios lo adoptaron, porque era la mejor manera de traccionar. Cuando frenás, los tapones de atrás te agarran más y no pasás de largo.

Igual, por más vendas y botines buenos que tuviera, las patadas me las daban.

De uno de esos *foules* vino el tiro libre que fue nuestro primer gol. Es el *foul* de la foto famosa: el tipo me está cruzando directo a la rodilla izquierda y yo estoy gritando de dolor, ¡porque me dolió en serio! Cuando vuelvo a ver el partido, me doy cuenta de una cosa. El tipo, que se llama Park —pero de diversiones, nada—, me pegó a los tres minutos. Y el tiro libre lo pateé a los cinco. Dos minutos tardé en recuperarme. No fue joda la patada. Y el turro del árbitro no sólo no le sacó la amarilla, ¡no le dijo nada!

Yo mismo le pegué en el tiro libre, pero no la pude levantar. No sé si me faltó precisión porque todavía estaba dolorido o qué, pero la pelota rebotó en la barrera y me volvió a mí, derechito a la cabeza. De primera y de memoria, abrí a la derecha para Valdano, como en la jugada anterior, la primera del partido. Jorge entró con tiempo por la derecha y la cruzó al otro palo. Se metió entre el arquero, que se llamaba Ho, y Pasculli, que había picado por el medio por si mandaba otro centro Valdano. Ho, miren qué nombre. Lo gritamos con todo. Era el primer gol en el Mundial. Era importante.

¿Y dónde está el Fair Play?

El técnico de ellos había dicho que yo no era más que un jugador, y por eso no me iba a poner un tipo encima. La verdad, tenía razón: yo no era más que un jugador. Y tampoco mintió en eso de poner a un tipo encima: más bien, mandó a todos sus jugadores a pegarme. Iban pasando de a uno y no hacían mucho más que eso. Se metieron atrás, también después de ir perdiendo 1 a 0. Pero nosotros seguíamos atacando. Antes de los diez minutos, tuvimos dos llegadas más, con Clausen y Burru.

Y nos habíamos metido tanto en la cabeza eso de cuidar el aire que le di una pelota a Burruchaga, sacó un tiro espectacular, pegó en el palo y nosotros como si nada; ni nos lamentamos. No queríamos gastar energía ni en eso.

Antes de los veinte minutos, volvió a bajarme Kim, más o menos en el mismo lugar en el que me habían hecho el primer *foul*. Esta vez, medí mejor el tiro libre. Pasó Pasculli por arriba de la pelota, le pegué yo y fue directo a la cabeza de Ruggeri, que le rompió el arco a Ho. Que no jodieran más. Estábamos ganando 2 a 0. Listo. Eso era lo que necesitábamos. Yo estaba contento porque en media hora de ese primer tiempo ya habíamos jugado mejor que en toda la gira. Tranquilitos, al paso. Golpeados, eso sí. Te pegaban hasta por gusto: el 10, justo el 10, me bajó en la mitad de la cancha, lejos de todo, y después me dio la mano para levantarme. Yo estaba tan bien, que aceptaba todas las disculpas.

Hasta los veinticinco, jugamos bien, muy bien. Después levantamos un poco el pie del acelerador. A mí no me gustaba mucho la idea, pero no estaba mal. Hacía demasiado calor, era el primer partido, un rival que no nos podía complicar, lo teníamos resuelto. Y yo entendí que, si seguía encarando en todas, me iban a sacar de la cancha. A partir de ahí, tuvimos la pelota, sí, pero nos costó más lastimarlos. Bueno, ya nos estaban lastimando a nosotros, pero no con llegadas, precisamente. Nery no tocó ni una pelota en el primer tiempo, creo. Y el partido se hizo tan tranquilo que hasta los hinchas argentinos se prendieron en la pavada de la ola, esa moda que nosotros no conocíamos antes del Mundial.

En el medio de eso, o sea en el medio de la nada, Clausen me dio la pelota desde un lateral, más cerca del área nuestra que de la mitad de la cancha, y el 17 de ellos me entró de atrás de una manera, pero de una manera… Me pegó una patada tan rara que me cortó en un lugar inexplicable: justo atrás de la rodilla. Yo se lo mostraba a los muchachos y no lo podíamos creer. ¿Y sabés quién me vino a levantar, como si no pasara nada, dándome una palmadita en la espalda? Sí, el hijo de puta de Sánchez Arminio, el referí.

El que me pegó fue el lateral izquierdo, que volvió a pegarme enseguida, cerca del final del primer tiempo. El tipo salió a buscarme por el medio, cerca del círculo central. Lo vi venir y le tiré el caño, tocándola con el revés del pie zurdo hacia la izquierda. Pasó de largo, pero el guacho me dejó el bracito levantado y me calzó justo en la mandíbula. No fue una patada: fue una piña, un golpe de karate, *tac*, un cortito. Y recién ahí el gallego le sacó amarilla. ¡A los cuarenta y cuatro minutos! Fue al número 17, la desgracia; yo ni sabía cómo se llamaba, pero ya lo había bautizado Kung Fu. Y encima, el tipo se quejaba por la tarjeta.

El tipo, en realidad, se llamaba Huh Jung-Moo y, mirá lo que son las cosas, lo volví a encontrar muchos años después, en el Mundial de Sudáfrica, en 2010, cuando él dirigía a Corea del Sur. El muy turro dijo que no tenía nada de qué disculparse, que si hubiera hecho algo malo tendrían que haberlo expulsado. "No le pegué intencionalmente. Si lo hubiese hecho, el árbitro me habría expulsado. Pero ni siquiera fui amonestado en aquel partido", dijo. Y que en el '86 se habían clasificado por primera vez a un Mundial en treinta y dos años y por eso estaban algo nerviosos… ¡Algo nerviosos! ¡A 220 estaban!

"No me importa lo que diga Maradona. No tiene sentido hablar de algo que pasó hace más de veinte años", respondió. Yo no le contesté porque no valía la pena; contesté para todos, en general: "Si hay cuatro chiquitos que sacan la bandera amarilla del Fair Play antes de empezar el partido, que después realmente sea Fair Play. Tenemos que defender a las estrellas… que los árbitros entiendan la palabra Fair Play, que si la gente quiere ver jugar al fútbol que se pueda jugar sin problemas".

Contra sus jugadores, los que este tipo Huh Jung-Moo dirigía, Messi la pasó mejor que yo contra él y sus compañeros.

Al minuto del segundo tiempo, desbordé por la derecha, esquivé las patadas de dos de estos muchachos y saqué el centro con la de palo. Pasó de largo Pedrito, pasó de largo el arquero y del otro lado llegó Valdano, que la empujó. Listo, ahí sí: 3 a 0 y a cuidarse. El físico y las patitas, no era cuestión que nos lesionaran a alguno.

De lo otro que teníamos que cuidarnos era de la altura. Por eso se nos ve jugar al trote, al paso. Los dos mil seiscientos metros se sentían y nosotros atacábamos todo el tiempo, pero perdíamos seguido la pelota. Menos mal que los coreanos no sabían cómo usarla, porque les regalamos varias. Los coreanos tenían cero chances de complicarnos, aunque nos metieron uno. Fue cerca del final, pero los teníamos dominados. ¡Cómo lo cargué al pobre Pumpido! El tipo había metido un zapatazo bárbaro y le grité: "¡Dale, Nery, dale, que casi la agarrás!".

De arriba les habíamos ganado bien, eso era lo que habíamos hablado: "Cualquier posibilidad de tirar el centro, métanle nomás, que alguno va a estar". Yo desbordaba por la izquierda y le mandaba centros para Valdano. Pero había cosas que seguían sin funcionar del todo bien. Nos llegaban por los laterales y ahí todavía teníamos una formación clásica, con el Negro Clausen por la derecha y Garré por la izquierda. El Negro llegó hecho un toro, con un estado físico bárbaro; pero nunca se pudo adaptar a la altura, fue uno de a los que más les costó. De los famosos laterales volantes todavía no había ni noticias.

Burru empezaba a asentarse, pero Bilardo lo volvía loco. Pasa, eso pasa cuando vos te sentís acorralado por un técnico que te empieza a gritar, a gritar, a gritar… "Decile que no me grite más, Diego", me pedía Burru. Entonces agarré y le dije: "Tranquilo, Carlos, tranquilo". Y me respondió que sí, por lo menos con un gesto. Al Checho también le costó el primer partido. Era brava la altura, y se lo escucha a Bilardo gritarle todo el tiempo. Al final lo sacó y puso al Vasco, un cambio que iba a hacer varias veces. El otro que salió fue Pasculli y entró Tapia.

Y el que la rompió fue el Tata Brown, que hizo olvidar a Passarella y armó una pareja bárbara con el Cabezón Ruggeri. Sigo diciendo que Passarella no jugó porque no quiso.

Conociéndolo, conociendo su parte buena, que era la garra, la entrega, podría haber jugado. Pero, bueno, él decidió lo que decidió y le fue mal. Porque el Tata la rompió y en el primer partido se ganó el puesto. Ya nadie iba a poder quitárselo.

Yo terminé a las puteadas con Valdano, no me acuerdo muy bien por qué. Pero después de ese partido, estuvimos unos cuantos días sin hablarnos. Hasta que vino a mi habitación y arreglamos todo. Éramos pesados, pesados en serio. En esos días, varios amenazaron con volverse a Buenos Aires: el Negrito Enrique, que tenían unos huevos grandes como la concentración; el Loco Islas, que era un pendejo pero no se bancaba ser suplente; el Checho Batista, que empezó a darse cuenta de que el primer cambio era él... Pesados.

A los buenos hay que defenderlos

Italia y Bulgaria, que eran nuestros rivales en el grupo, habían inaugurado el Mundial con un partido horrible, que terminó 1 a 1. Yo los veía moverse, lentos, pesados, y pensaba en el profesor Dal Monte, ¡menos mal que Bearzot no quiso que les diera una mano! Tenía varios conocidos ahí, ya me faltaba poco para cruzármelos. Le tenía muchas ganas al partido con Italia, muchas.

Y los franceses, con el pecho frío de Platini y todo, que casi no la tocó, apenas le habían podido ganar 1-0 a Canadá, que les complicó la vida como Corea del Sur no había podido complicarnos a nosotros. Papin metió un gol cuando faltaba poco para terminar. Me gustaba eso de que los grandes candidatos de todos no rindieran como esperaban. Era la primera fecha, pero también se empezaba a comprobar algo que yo siempre dije y digo: un Mundial es un Mundial, es distinto a todo.

Ahí se ven los distintos, los distintos en serio.

En ese arranque, Brasil le ganó a España con un gol de Sócrates, pero para variar recibió una manito: un tiro de Michel pegó en el travesaño y picó adentro, pero no le dieron el gol. Se armó una linda polémica, pero los puntitos se los llevó Brasil. Con Zico en el banco, eso sí. Yo, calladito, pero mis rivales directos no terminaban de aparecer. Rummenigge, un poco, que entró desde el banco para ayudar a Alemania a empatar contra Uruguay. Pero poco más. Los soviéticos sí le pegaron un baile bárbaro a Hungría: seis le metieron; tenían un equipazo, con Dassaev en el arco y Belanov arriba. Y los daneses empezaban a mostrar que, cuando atacaban, eran letales: Elkjaer-Larsen venía entonadito desde Italia, donde la rompía en el Verona, y metió un gol en el debut. Y yo le veía algo a Bélgica, aunque perdió contra los mexicanos de Hugo Sánchez.

Igual, más que mirar a los demás, que los miraba, me importaba lo nuestro. Y para nosotros, con los palos que veníamos recibiendo, el arranque fue espectacular. Por eso, después del partido, que se jugó al mediodía, nos fuimos a la concentración pero no cenamos ahí. Nos fuimos todos al restaurante del Cabezón Cremasco: nos merecíamos una buena carne argentina, unos tangazos como los que se cantó el Zurdo López y, bueno, no nos merecíamos, eso no, las lamentables imitaciones de Galíndez. Pero ahí estábamos.

De golpe, al final, algunos empezaron a cantar "¡Que vamo' a salir campeones / que vamo' a salir campeóóó...!".

Yo los miraba, como el resto de los muchachos, los escuchaba, y no lo podía creer: "¿Ahora resulta que vamos a salir campeones?", pensaba. Mirá vos, mirá vos los panqueques...

La cena también nos sirvió para repasar el partido. Con cinco tendrían que haber terminado los coreanos, ¡con cinco! Nos pegaron como locos y recién amonestaron a uno al final del primer tiempo. Me daban unos patadones bárbaros y después me pedían disculpas. Unos fenómenos.

Los asiáticos, antes, eran más violentos y más ingenuos futbolísticamente. Han evolucionado mucho, cambiaron. Si lo analizo, creo que crecieron más que los africanos, que se estancaron un poco.

Pero aquellas patadas que sufrimos sirvieron para algo. Porque hoy lo tocan a Lio, a Messi, o a Neymar, o a Cristiano, y es amarilla. O roja directa. Y está bien, ¡está bien! Esas son las cosas que tiene que ver la FIFA. Defender a los habilidosos, a los buenos. Metiéndose con el tema de la violencia y también metiéndose con otras cosas: ¿alguien me puede explicar cómo pueden mandar a eliminarse a tipos como Ibrahimovic y Cristiano, por ejemplo, como pasó en el último Mundial? Los dos tendrían que haber estado, ¡los dos!

A los buenos hay que defenderlos adentro y afuera de la cancha. Como no me defendieron a mí.

Capítulo IV

Mamma mia

ARGENTINA 1, ITALIA 1
PUEBLA, JUEVES 5 DE JUNIO

Con el efecto que yo le doy a la pelota, de diez entran cinco. Cinco nada más, la mitad. Quiero decir: vuelvo a hacerlo, vuelvo a pegarle igual, y la mitad de las veces me tendría que quedar puteando por el gol que me perdí, y la otra mitad saldría festejando por el golazo que metí. Yo mismo, eh. No digo que lo intente otro, mejor o peor que yo. A mí me pasaría.

Hablo del gol que le hice a Italia, en el tercer partido del Mundial. A ese gol yo lo pongo muy, muy alto en el ránking de todos los que hice en mi carrera. Por la forma, por cómo lo cagué a Scirea y por cómo le pegué, sacándola lejos de Galli y metiéndola en el segundo palo. Por la cuestión técnica y por la cuestión histórica, es uno de los mejores goles que hice en mi vida. Y uno de los que más festejé, también.

¿Cómo no iba a ser un partido especial?

A ver si se entiende, porque una cosa es verlo y otra cosa es contarlo. Y hacerlo, ¡ni les digo! Si ves cómo le pego a la pelota, con la parte interna del pie zurdo y entrando por la izquierda, normalmente esa pelota debió salir derecha, paralela a la línea de fondo, como un centro atrás tirado por un *wing* para la llegada de un delantero… Pero no. La pelota pasó entre el defensor que cerraba y el arquero que salía y cayó así, *pic*, en el segundo palo.

Un golazo. Un golazo… raro.

Yo después lo tuve a Galli, al arquero, de compañero en el Napoli: "Diego, yo juro y recontrajuro por mis hijos que la pelota me pasó a dos metros", me explicaba todos los días. Y seguía, como si yo fuera un cura y él se estuviera confesando, o pidiendo disculpas: "Dicen: '¿Y por qué no la agarró?'. ¿Y a vos te parece que si yo la podía agarrar no la agarraba? La pelota se me abrió, así, justo cuando pasó a la altura de mi mano, y después me quedó atrás, como si la hubiera empujado el viento. No le pegaste con el pie; le pegaste como un tenista con la raqueta, cuando va a la red".

Me encantó esa comparación, la del tenista, porque a mí me gusta mucho el tenis.

Pero la verdad es que por eso le echan la culpa a él, porque quedó en todas las fotos como un boludo, con la manito estirada, como si la pelota estuviera a dos centímetros y no a un metro… Pero la culpa, la culpa es de Scirea. Todita de Scirea. Porque si Scirea hubiera hecho así, *tac*, y se la tocaba, era pelota de Galli, ¡era pelota de Galli, claroooooo! Y en esa época, vos todavía le podías dar la pelota atrás, pasársela al arquero.

Por eso, para mí la culpa en el gol que le hago a Italia es toda de Scirea, porque él, con la calidad que tenía, era un líbero fuera de serie acostumbrado a salir jugando en la Juve y no necesitaba revolearla ni nada por el estilo. Era un gran tiempista. Pero lo que él no sabía era que yo lo tenía estudiado; que cuando amagaba para la izquierda, salía para la derecha; y cuando parecía que la iba a reventar, la paraba con el pecho.

Y en esa jugada, cuando la pelota pica y Scirea me hace el juego del cuerpo, me amaga a revolearla de derecha, yo le gano la posición, porque sabía que no iba a hacerlo. Y antes de que la pelota cayera y él sacara la pierna derecha, yo le puse el pie así, *tic*, para darle como le di, cosa que él no pudiera anticiparme y Galli no pudiera llegar.

La única que le quedaba a Scirea era tocársela atrás a Galli. Gol en contra no iba a ser, porque Galli estaba de frente a él. Pero fue gol mío. Bueno, ahí estuvo lo raro, lo que contaba al principio: de diez veces, sólo cinco la pelota pasa así, derechita entre los dos rivales, paralela a la línea de fondo, y una vez que los dos quedan como boludos en la foto, *pim*, se va para adentro, para el segundo palo.

Salí corriendo de la felicidad que tenía y salté un cartel como si saltara un conito. Hoy no puedo saltar nada, ya sé, y ya sé también que para muchos fui hacia ese cartel porque estaba arreglado que festejara ahí. Si estaba arreglado, que me vengan a pagar, porque yo, ni idea.

Fue muy lindo el gol y fue muy especial el partido, sí. Llevaba casi dos temporadas en Italia, había llegado hacía relativamente poco, pero ya los conocía a todos. Y ellos me conocían a mí. Era especial. Yo sabía que había ido a jugar a un país donde se respiraba fútbol. A una ciudad, Nápoles, donde el fútbol era la vida misma. Cuando llegué, me pedían que le ganara a la Juve, que le ganara al Milan, que le ganar al Inter. Y después, no sólo había que ganarles a todos ellos, sino que también querían un *scudetto*.

¿Cómo no iba a ser especial ese partido contra Italia? Pero, la verdad, en esa época todavía la presión no era tanta. Cuando jugamos contra Italia en México, no había tanta presión como cuatro años después, en el '90, cuando volvimos a jugar contra ellos, pero en su casa, que también era la mía, porque fue en Nápoles, y a todo o nada. Aquello sí que fue distinto. Los italianos me querían matar. *La Gazzetta dello Sport* llegó a titular *"Maradona è il Diavolo"*, Maradona es el diablo. Así estaban las cosas cuatro años más tarde... Pero la circunstancia era diferente en el '86. Para los tanos hasta era un poco simpático. Claro, como hasta ahí no les había sacado ningún *scudetto* a los grandes, todavía les caía bien.

Todavía no era Il Diavolo

Un par de años casi exactos antes, en julio del '84, el que había caído bien, más que bien, en el Napoli había sido yo. Digo que había caído más que bien porque muchas cosas en esa ciudad me hacían acordar a mis orígenes y también a La Boca. Era fácil sentirme como en mi casa, aunque fuera una ciudad de locos. Lo que yo no sabía, la verdad, era que más allá de los miles y miles de hinchas que tenía, como un grande, porque era un grande, futbolísticamente estaba más cerca de la Serie B que del *scudetto*. Eso era: un equipo de Serie B que jugaba contra uno de la Serie C, por la Copa Italia, y terminaba apretado contra un arco. Eso me pasó en el arranque, nomás, y de verdad. Supe que iba a sufrir, a sufrir mucho, pero también sabía que a mí las cosas me gustaban más cuando más difíciles eran. Más o menos como con la Selección. Menos confianza me tenían o nos tenían, más rabia y más ganas me daba.

Creo que fue por eso que en el Napoli me sentí como en mi casa desde el principio, desde que llegué. Yo me enteré de que el equipo estaba para pelear el descenso, que se había salvado en la temporada anterior por ¡un punto!, cuando ya había firmado el contrato. Pero si me hubiera enterado antes, creo que lo firmaba igual. Estaba tan loco como ellos. Sentí que me querían, que me querían de verdad. Habían hecho huelgas de hambre, se habían atado a las rejas del San Paolo rogando por mi llegada. ¿Cómo les iba a fallar? Además, esa pelea me iba a servir muchísimo.

Eso sí, sabía muy bien que para jugar en Italia, para jugar contra los defensores italianos, me tenía que entrenar de otra manera. En España te pegaban hasta en la lengua, te mataban a patadas y a codazos, pero eran más ingenuos para marcar. Más violentos y también más directos. Los tanos, en cambio, eran especialistas. Más allá de lo que me había pasado con Gentile en el Mundial de España, la mayoría eran artistas de la marca. Se entrenaban para eso. Hoy tienen que nacionalizar defensores, pero en aquella época les sobraban. Por eso, desde España me llevé a Fernando Signorini, el Ciego, que de preparación física sabía un montón y había sido fundamental para mí, junto con el doctor Oliva, en la recuperación de mi lesión. Necesitaba estar muy fino físicamente para enfrentar lo que se me venía. En todo sentido.

Por eso digo que jugar en el Napoli fue la mejor preparación posible para encarar el Mundial de México. La mejor. Primero, porque me hicieron sentir importante, porque me hicieron sentir necesario, cosa que ya no pasaba en el Barcelona. Segundo, porque me obligaba a estar físicamente mil puntos para superar las marcas de rivales supuestamente superiores a mí, a nosotros, y, seguro, superiores a los españoles. Y tercero, por eso de jugar contra todo y contra todos.

La pucha, en el Napoli sí que se sentía eso... Contra todo y contra todos. Me acuerdo cuando debuté oficialmente, contra el Verona del danés Elkjaer-Larsen y del alemán

Briegel. Pasaba por al lado del alemán y me sacaba de la cancha con la mirada. ¡Era un animal físicamente! Pero más animales eran los que nos ponían las banderas: "Bienvenidos a Italia", decían. Era la batalla del Norte contra el Sur, esa batalla que a mí me fortaleció y me permitió hacer lo que más me gusta: levantar una bandera. Y si es la bandera de los más pobres, mejor.

No fue fácil, eh, nada fácil. Como siempre en mi carrera. Luchar contra algo. La cosa es que con el Napoli terminamos la primera rueda de esa primera temporada y teníamos nueve puntos. Me mordía los labios de la vergüenza cuando volví a Buenos Aires a pasar la Navidad. Pero sabía que tenía una oportunidad, una gran oportunidad. Y no la dejé pasar. A la vuelta, sacamos más puntos que ese millonario Verona, que ese europeo Verona. Nosotros sacamos 24 y ellos 22. Salieron campeones, es cierto, pero les avisamos, les avisamos para qué estábamos… Yo metí catorce goles y quedé cerquita de ese muchacho Platini. Era un tiempo de figuras en serio en la Liga italiana. Cada equipo tenía una o dos. Estaba Platini en la Juve, estaba Rummenigge en el Inter, estaba Laudrup en la Lazio, estaba Zico en el Udinese, estaban Sócrates y Passarella en la Fiorentina, ¡estaban Falcão y Toninho Cerezo en la Roma! Mirá qué nenes… ¿Qué mejor manera de prepararme para dar pelea en México que esa?

Igual, necesitaba competir más arriba. Para mí, por la selección, y para ellos, por el Napoli mismo. Tenía que ayudar a los napolitanos a darle pelea al resto de Italia, sobre todo a los más poderosos, a los del Norte: a la Juve, al Inter, al Milan… Por eso lo amenacé a Ferlaino, lo amenacé con irme si no traía refuerzos para la temporada 85/86, justo la previa al Mundial. Así llegaron Renica, de la Sampdoria; Garella, el arquero del Verona campeón, que atajaba con los pies, pero atajaba; y, sobre todo, Bruno Giordano, de la Lazio. Giordano me encantaba porque me parecía que, con todos los quilombos que tenía, era un jugador para el Napoli. Porque al Napoli no quería ir nadie por la camorra, por la ciudad, por todo lo que pasaba. Pero Giordano estaba curtido, bien curtido: había estado metido en el quilombo del tottonero, el escándalo de las apuestas; y en la Lazio jugaba de todo, por derecha, por izquierda, por el medio... Lo quería conmigo y lo fui a buscar yo mismo. Me dijo que sí enseguida. Costó tres palos verdes, lo hice llorar a Ferlaino, pero valió la pena. Ya no tenía que encargarme solo de la conducción del equipo. Él se tiraba unos metros más atrás y yo me iba más arriba; yo metí once goles y él metió diez. Llevamos al Napoli bien arriba. Terminamos terceros, a seis puntos de la Juve, que ganó el *scudetto*, y nos clasificamos para la Copa UEFA. Los napolitanos no lo podían creer. Yo, sí.

Insisto, ¿qué mejor manera de prepararme para un Mundial que esa? Competíamos contra los mejores y yo me había enriquecido adentro de la cancha. Podía liberarme, podía soltarme. Y podía hacer todo eso cuando nos ninguneaban.

A ver si se entiende: lo que me pasaba en el Napoli era lo mismo que me pasaba en la selección argentina. Y mi cabeza ya estaba puesta en el Mundial. Lo que hacía le servía al Napoli y le servía también a la Selección argentina.

El técnico, a esa altura, ya era Bianchi, Ottavio Bianchi... Bah, los técnicos éramos nosotros, porque a mí no me cayó bien de entrada.

Así, con esos antecedentes inmediatos, llegué al Mundial. Acostumbrado a muchas cosas. Sobre todo a pelearla. La verdad es que, antes de México 86, Platini era el ganador, el que se llevaba todos los títulos, y yo era *jogolieri*, el que hacía los caños, las rabonas, los sombreros, pero... no daba vueltas olímpicas. No ganaba títulos.

¡Las pelotas, yo quería ganar! Yo quería ganar todo y a todos. Al que se pusiera enfrente. Y así iba a ser: luché, luché y luché y, finalmente, maté al mito Platini.

Un solo televisor para todos

No había mucha diversión en la concentración. Un solo televisor para todos, en el comedor, y ver partidos. Después, los diarios deportivos mexicanos, *Esto*, *Ovación*, *La Afición*... Y una vez por semana, tarde, nos llegaba *El Gráfico*. Hubo un ejemplar que a mí me puso los pelos de punta. En uno, la entrevista a Platini, justamente, que titularon "Es un placer reportear a Platini". ¿¡Cómo carajo iba a ser un placer reportear a ese francés pecho frío!? Por favor, me volví loco. Y es el día de hoy que me vuelvo loco. Y en la misma revista, una nota con Pelé. Parecía que me lo hacían a propósito, no sé si para hacerme enojar o para motivarme.

¿Qué decía Pelé? Lo vuelvo a leer y me dan ganas de salir a la cancha, a demostrarle lo que después le demostré. Decía: "Esta es la última gran oportunidad para que Diego muestre que es el mejor del mundo. Yo creo que hasta ahora no consiguió los suficientes trofeos como para decir sin dudas que es el número uno. En España fue un desastre, estuvo irritable, se hizo expulsar, se la pasó en el suelo, quejándose de los golpes. Por eso no creo que sea el mejor; es más, Platini, Zico y Rummenigge no sólo están en su nivel, sino algo más arriba. A Platini le pegan y se levanta. Sigue jugando. Maradona se queda mirando al árbitro. Yo sé que los golpes duelen, pero a cierto nivel hay que tener clase para eludirlos y también saber ir fuerte cuando apuran las circunstancias".

Pero para eso faltaban un par de partidos, todavía, y en otro sentido unos cuantos años, también para demostrarles a Pelé y a Platini quién era quién.

Contra Italia, empezamos a creer en nosotros

Aquella tarde, en Puebla, no lo tenía al francés directamente adelante, sino a un plantel y a un cuerpo técnico como el italiano con el que me llevaba bien, bastante bien.

Algunos eran rivales directos en aquella lucha del Sur contra el Norte. Y había un solo compañero mío, además de otro que también jugaba en un equipo chico y después se sumaría al Napoli.

Enzo Bearzot, el técnico, justo me manda a mi compañero encima, para que me marque. No sé si confiaba en que podía ganarme el mano a mano porque me conocía, pero la verdad es que yo estaba tres puntos arriba de Salva, de Salvatore Bagni. De él se trataba. Usaba la 10, ¡la 10 de Italia! Pero, claro, no jugaba de 10. Y encima no estaba bien de la rodilla. Esa Italia llegó a los tumbos y así se fue enseguida también.

Como podía esperarse, por ser argentinos y por ser tanos, y porque nos conocíamos mucho, fue un partido muy hablado. Bagni y Ruggeri se cruzaron varias veces, de lo lindo. Bagni me decía a mí que le dijera al Cabezón que era un *"figlio di puttana"*, como si el Cabezón no entendiera, y el Cabezón me preguntaba qué podía decirle para sacarlo. "Naaa, Cabezón, no le digas nada... O decile *cornuto* y listo." Y cada vez que venía Salvatore, Ruggeri me decía: "Aaahhh, mirá, me viene a marcar el *cornuto*". Y el otro se ponía loco.

En Italia jugaban varios de la Juve, como Scirea y Cabrini, y del Inter, como Bergomi y Altobelli. De Napoli, que después vino a jugar conmigo al Napoli, estaba en el Sur también, en el Avellino. El Verona, que era el equipo de moda, aportaba a Di Gennaro, a Galderisi, Galli atajaba en la Fiorentina y Bruno Conti —un tipazo, con el que me abrazo cada vez que me veo— era la figura de la Roma. Me acuerdo de que antes del Mundial, cuando todos hablaban de los candidatos a ser figuras, yo no podía entender cómo no lo incluían a él. Era un jugador moderno para aquella época, difícil encasillarlo. Y venía de ser campeón en el '82, en aquel Mundial en el que Gentile me había molido a patadas. Y ese antecedente también pesaba.

El estilo de Gentile no era la media. Los defensores italianos, en general, se preparaban para sacarte la pelota de la mejor manera posible, eran artistas de la marca… Cabrini, el *fidanzato* de Italia, el novio de Italia como le decían, era un jugador fino, pero implacable.

Y estaba Vierchowod… ¡Mamita, Vierchowod! El tipo tenía mucha recuperación, unas piernas así, terribles. Era hijo de un ucraniano que había sido soldado del Ejército Rojo, pero italiano de nacimiento. Era un perro de presa, tipo soviético, pero transformado en una roca, al estilo de Italia. Aparte, recuperaba como loco y después siempre se la daba a un compañero, siempre redonda. Era muy aplicado. Un marcador de primera.

De él hablé mucho, antes del partido, con el Bichi Borghi. Mucho. Porque en ese momento del Mundial, y esto es bueno repasarlo con el tiempo, para que se sepa de verdad cómo se fue armando el equipo, los periodistas y todos le metían presión a Bilardo para que Borghi jugara conmigo. Y yo también quería jugar con Borghi. Lo mimé mucho, porque había que mimarlo, había que estarle encima. Era muy pibito todavía y Bilardo no lo llevaba bien. Me acuerdo de que hasta le presté un aparato que Dal Monte me había hecho para el tobillo, porque a Borghi se le iban los tobillos como loco.

La cosa es que Bilardo lo puso de titular contra Italia. Con Valdano, arriba. El resto de la formación fue con Nery en el arco, Cucciuffo en el lugar del Negro Clausen, Brown y Ruggeri, inamovibles, y Garré. Giusti, Batista, Burruchaga y Maradona, de memoria. Y Jorge con Borghi.

Entonces yo lo agarré al Bichi y le dije…

—A vos te va a marcar Vierchowod. Es fácil pasarlo, y más con tu habilidad. Pero es fácil que te recupere, ¿me entendés lo que te digo?

—Sí…

—Mirá. Vos le enganchás y lo pasás, pero si volvés a enganchar, él hace *fiiuúú*, y cuando levantaste de nuevo la cabeza está de nuevo enfrente tuyo, ¿entendés?

—Sí…

—Te digo porque me marcó a mí y en las primeras tres pelotas me pasó lo mismo… A la cuarta, le hice *pum-pum*, la toqué y me fui.

No sé si me entendió, pero sí sé que sus movimientos sirvieron para tenerlo ocupado a Vierchowod. El Bichi tenía un talento terrible, pero en aquel partido estuvo como disperso y, al siguiente, también.

Lo que sí, contra Italia empezamos a creer en nosotros. Fue el segundo partido del Mundial, después de ganarle bien aquella batalla a los karatecas coreanos, y estuvimos sólidos contra un equipo que no estaba en su mejor momento, pero tenía mucha experiencia y era muy prolijo.

Fuimos sólidos en el fondo, nos movimos mucho en el medio y estuvimos agresivos adelante. Clausen se había quedado afuera de los titulares en la defensa, después de un debut muy flojo. A mí me encantaba el Negro, pero en México no arrancó como el tractor que era por su lateral en Independiente. Entró Cucciuffo y empezó a ganarse su lugar, aunque todavía no jugaba de *stopper*, pero se hizo cargo de Galderisi. Seguíamos con línea de cuatro, con el Tata más libre y el Cabezón —que se lo comió a Altobelli— como centrales y Garré por la izquierda, que lo esperaba a Bruno Conti.

Cada uno jugó por donde sentía que tenía que hacerlo. Burru jugó más a la izquierda y fue muy importante en la salida, más que contra los coreanos. El Checho estuvo algo incómodo y Bilardo lo sacó en el arranque del segundo tiempo. Batista se calentó tanto que hasta amagó con volverse a Buenos Aires. Así era ese grupo: mucho cacique, le marcábamos la cancha a Bilardo todo el tiempo.

La idea era que el Bichi y yo tuviéramos la pelota y saliéramos rapidito, algo que no podía hacer Valdano, que no tenía el pique corto nuestro pero sí un paso gigante, que le permitía marcar diferencias arriba. Al Bichi lo querían hacer arrancar de más atrás y al final no sabía dónde estaba jugando.

Por eso digo: después hablaron de táctica y de aciertos de Bilardo, y para mí no fue tan así.

El que lo explicó muy bien fue el mismo Valdano, en una revista que hizo *La Nación*, cuando se cumplieron veinte años del título. Yo podría estar otros veinte años tratando de explicarlo, pero él lo hizo mejor, así que prefiero leerlo y copiarlo: "Cómo un equipo desestructurado es capaz de convertirse en un grupo inviolable", dijo el filósofo. Y no puedo estar más de acuerdo. Usó palabras difíciles, pero se entiende todo clarito, clarito.

Aquel Mundial lo ganamos los jugadores, y empezamos en aquel partido a darnos cuenta y a que se dieran cuenta. Algunos jugadores ya habían mostrado un nivel más alto del que traían en la gira. Pero ahí, contra el campeón del mundo, que lo era todavía, dimos la talla.

Nos supimos sobreponer al penal inventado por ese hijo de puta de Jan Keizer, el holandés. Mi amigo Conti le peleó la pelota a Garré en el borde del área, lo trabó y, del rebote, la pelota fue a dar en Burruchaga. Pero Burru no tuvo intención de jugar con la mano, la pelota le pegó y el tipo cobró penal. Ahí influyó el poderío de Italia, me parece. En esa época los árbitros cuidaban tanto a Italia como a Brasil. ¿Saben dónde vivía la Selección de Italia? En Puebla. ¿Saben en qué hotel? En El Mesón del Ángel. ¿Y saben dónde paró Keizer cuando llegó a Puebla? Sííí, en el Mesón del Ángel.

Ahí empezamos a ganar la Copa

Iban seis minutos, nada, y Altobelli la clavó. Altobelli, justo Altobelli. Uno de mis rivales históricos en aquellos tiempos en el calcio y ahora un tipo que tengo seguido en el living de mi casa, en Dubai: es que comenta fútbol italiano para la cadena belN Sports y a mí me encanta ver los partidos, sobre todo los del calcio. Cada vez que lo veo en la pantalla, me acuerdo de aquel momento en el que se podría haber ido todo al carajo en la cancha, en Puebla, pero no. No se fue. Y no por casualidad: lo supimos y lo pudimos controlar.

—Vamos a manejar un poco la pelota. Pero, tranqui, no nos volvamos locos —le dije a Burru.

Es que a Italia, por más que no esté en su mejor momento, siempre tenés que respetarla. O, mejor dicho, no respetarla. Pasarla por arriba. Los italianos son como los alemanes: ven una gota de sangre y se reproducen. Y a nosotros nos hicieron sangrar con ese gol en el arranque. Imaginate: podían volver los fantasmas en un minuto, todavía no éramos el equipo confiable por haberle ganado a Corea del Sur; todavía estábamos más cerca de aquel equipo en el que pocos confiaban, sólo nosotros.

Por eso este partido tuvo mucho valor. El 1 a 1 fue como un triunfo por la forma en la que jugamos, por la forma en la que nos recuperamos del primer golpe. Mi gol, el del empate, fue pasadita la media hora. Una jugada que arrancó el Gringo Giusti, siguió en Borghi y terminó en el pase, más que pelotazo, que me mandó Valdano. El gol ya lo conté. Y ya dije que fue uno de los más lindos y más importantes de mi carrera.

También porque ahí empezó a ganarse la Copa del Mundo.

Pudimos ganar el partido. Especular, las pelotas. Si llegaba a venir una seña del banco diciendo que aflojáramos, yo me le iba a ir al humo. Como nos fuimos al humo y llegamos un par de veces. Hubo un cabezazo de Valdano que pasó cerca, Ruggeri y Brown no dejaron de subir en cada pelota parada.

Cuando faltaba poco, Vialli se acercó a Garré:

—*Pareggio, Garré, pareggio. Parla con Bilardo* —le dijo.

—Ma qué *pareggio*, queremos ganar —le contestó Garré.

Si llegaba a decir algo Bilardo, lo mataba. Lo mataba, te juro. Porque eso quería yo, un equipo dominante, un equipo que les rompiera las pelotas a los rivales.

En ese partido, Bilardo lo volvió a sacar a Batista. Y Batista se volvió loco, porque pensó que lo hacía por cábala. Ahí fue que se quiso volver. Tuvieron una reunión y el boludo de Bilardo me llamó, para que estuviera, porque siempre quería que hubiera un testigo. Veía fantasmas por todos lados…

Pero yo vuelvo a ver ahora el partido, también por primera vez, y me vuelve dejar contento, igual que en aquellos tiempos. Con ese empate empezamos a decirnos entre nosotros, pero más todavía a los demás, a los contras: "Si les empatamos y también podemos ganarles a los tanos,

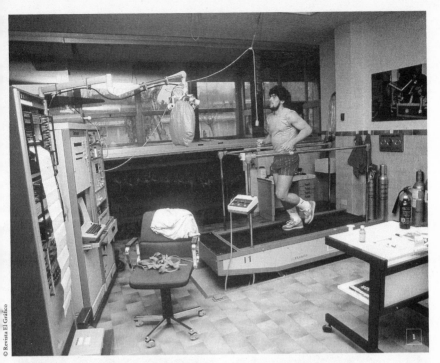

1   Faltaban tres meses para el Mundial cuando empecé a entrenar con el profesor Dal Monte. Todos los lunes viajaba a Roma, a su clínica. Hice un trabajo específico, le di prioridad a la Selección por encima de cualquier cosa. Por eso llegué diez puntos a México, diez puntos… ¡Volaba!

2   En Barranquilla, jugamos el último amistoso. Empatamos. Pero ganamos un partido más importante. Los jugadores impusimos la idea de que teníamos que volver a la concentración. Tuvimos una reunión donde nació el equipo campeón.

3   En el América, Bilardo no nos dejaba entrenar. Un día, fui a la utilería y pedí una pelota. No me la querían dar porque le tenían miedo. Me la llevé y armé un picado. En esas mismas canchas de entrenamiento después dimos la vuelta olímpica. Nosotros solos.

4   Cuando *El Gráfico* quiso hacer la famosa foto de los sombreros mexicanos para la tapa de la revista, yo ahí ya me sentía capitán capitán y Passarella estaba muerto... Por eso la quise hacer igual, como capitán. Yo elegí el sombrero mostaza, porque tenía los colores de Boca. Él no se quería reír mucho porque decía que se le veían los dientes torcidos.

5   Después de la foto, Passarella se fue. No quería charlar porque decía que teníamos entrenamiento. Je. Teníamos tiempo, pero no quería quedarse.

6   Passarella se entrenó poquito... Después empezó con eso del mal de Moctezuma y qué sé yo. Y justo antes del debut, contra Corea, le dio un tironcito. ¡Andááá! Menos mal que estaba el Tata Brown. Nadie confiaba en él, pero yo sí.

7 Mirá lo que es la formación completa del equipo. Hasta ropa distinta teníamos todos. Había cada nene en ese plantel: no había muchos *fuoriclasse*, pero todos hablaban, todos hablaban… Hacíamos reuniones por cualquier cosa.

8 Mi viejo, lo más grande que hay. Fue el único de mi familia que viajó, porque yo quería enfocarme sólo en jugar. Y fue también el único que dijo, antes del Mundial, que el gran rival iba a ser Alemania. ¡Sabés cómo me acordé de eso antes de la final!

9 Me hablan de dietas ahora… Qué dietas ni dietas: a mí me gustaban las pastas que hacía Carmando, mi masajista, y los asados que hacía mi viejo. Era un ritual; comíamos al lado de las canchas de entrenamiento.

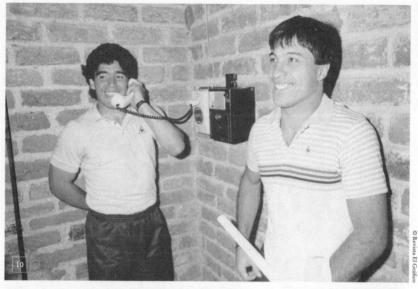

© Revista El Gráfico

© Revista El Gráfico

© Revista El Gráfico

© Revista El Gráfico

10 ¡Qué celular ni celular! En esa época no existían. Y en la concentración teníamos un solo teléfono: hacíamos cola para hablar. Y lindo quilombo se armó con las llamaditas de Passarella a Italia. Mientras yo hablo, espera turno el Vasco Olarticoechea, un crack.

11 La utilería era uno de los lugares que más me gustaban de la concentración. Ahí íbamos a tomar mate con Tito Benrós, con Nery, con todos los muchachos.

12 Una de las cábalas era ir a un centro comercial un día antes de cada partido y tomar un helado en Helen's.

13 Ir a comer al restaurante de Cremasco después de cada partido se convirtió en otra de las cábalas. Y Galíndez armaba su show.

14 Esta es mi foto favorita, la tengo en mi casa en un póster. Valdano me decía que cuando yo hacía jueguito con la pelota era como si le hiciera el amor. Y algo de eso hay, algo de eso hay... Cuando yo jugaba, así fuera en un Mundial, me sentía un chico.

15 Primero no venían tantos periodistas, pero empezamos a avanzar y se llenaba. ¿Sala de prensa? Nada que ver. Un día los hice parar del otro lado del alambrado y ahí los atendí, con la camiseta de Italia, que había cambiado con Bagni, puesta. Imaginate ahora.

16

16 ¡Uuuhhh, cómo me pegaron los coreanos! Eran karatecas, no futbolistas. Vuelvo a ver el partido y me vuelven a doler los golpes. Y eso que yo me vendaba fuerte, por encima de las medias… Pero me pegaron en lugares increíbles. Esta patada fue a los tres minutos del partido. Estuve un rato para levantarme y después vino el gol. Contra Corea, en el debut, lo importante era ganar. ¡Imaginate cómo nos hubieran criticado si no les ganábamos a los coreanos! Nos mataban. Por eso fue bueno resolverlo rápido… El Cabezón Ruggeri hizo un golazo y empezó a mostrar el Mundial que iba a hacer.

17 y 18 El arquero Giovanni Galli parece un muñeco pero no tuvo nada que hacer. La culpa la tuvo Scirea. Con el efecto que yo le doy a la pelota, de diez entran cinco. Cinco nada más, la mitad. Quiero decir: vuelvo a hacerlo, vuelvo a pegarle igual, y la mitad de las veces me tendría que quedar puteando por el gol que me perdí, y la otra mitad saldría festejando por el golazo que metí. Hablo del gol a Italia, uno de los mejores que hice en mi vida. Y uno de los que más grité, también.

y

19 Es hora de hablar menos de los planteos de Bilardo y más del plantel. Quiero contar esto ahora para que quede bien claro: yo no lo traicioné a Bilardo cuando me llamaron del Gobierno para voltearlo, y en cambio él me traicionó a mí muchos años después. Casi treinta años después.

20 Ganarles a los búlgaros fue un trámite, un embole también. Pero nos clasificamos, invictos. Qué lindo irse al vestuario así, con los puños apretados. Y con el respaldo del Profe Echevarría, un crack, un monstruo. Un tipo fundamental en el cuerpo técnico.

21 A veces, lo fundamental es el efecto que le das a la pelota y cómo ponés el cuerpo. Contra Uruguay, yo tiro un centro llegando como *wing* derecho con la zurda, para esquivar el cierre del defensor y el achique del arquero. Se lo perdió Pedrito Pasculli. Ese fue mi mejor partido en el Mundial, tendríamos que haber ganado por muchos goles.

22 Hay una foto que siempre recuerdo, muy linda, muy especial. Vamos entrando los dos equipos por una especie de rampa que tenía el estadio detrás de un arco. Había casi 115.000 personas en la cancha, pero yo sólo escuchaba el ruido de los tapones sobre ese piso, medio metálico. Ya no nos hablábamos. Ni entre nosotros ni con ellos.

23 Nunca había visto esta imagen del gol a los ingleses. Es el momento justo de engancharle a Shilton, en vez de patear. Shilton me facilita las cosas, porque se queda muy rígido, muy parado… Y Butcher me va a entrar con todo. Recién me di cuenta de que me había pegado con todo en el tobillo cuando llegué al vestuario.

24 Cuando fui corriendo para festejar, casi al llegar al córner, me encontré con Salvatore Carmando, que estaba mirando el partido desde ahí. Me dio un beso en la frente. Qué napolitano divino…

25 Fui a patear un córner contra los ingleses y me molestaba el banderín. Lo tiré a la mierda. Ulloa, el asistente, me obligó a ponerlo. "Dale, lo pongo —le dije—. Y el próximo Mundial lo juego de *linesman*."

26 Acá pueden venir los Messi, los Tevez, los Riquelme, y hacer diez goles cada uno. Mejores que ese. Pero nosotros fuimos a jugar un partido contra los ingleses después de una guerra, una guerra que todavía estaba muy fresca y en la que los chicos argentinos de 17 años habían ido a pelear con zapatillas Flecha, a tirarles con balines a los ingleses, que marcaban a cuántos iban a matar y a cuántos iban a dejar vivos... Y eso no se compara con nada. Y todo eso los padres se lo contaron a los hijos, y los hijos a sus hijos. Porque ya pasaron treinta años, treinta años. Y lo siguen contando.

27 Al terminar el partido contra los ingleses, salí a festejar como loco. Para mí, era como haber ganado una final. Y en el camino me encontré con el Ciego Signorini, mi preparador físico. Yo estaba afiladísimo, a esa altura del Mundial sentía que no me podía parar nadie.

28 En el primer gol a Bélgica, entré como si fuera un ocho, en diagonal hacia afuera. Y justo, justo, en el momento en el que me cerraban dos (ahora los veo, son Veyt y Demol) y Pfaff salía como loco, yo también le pegué de cachetada, de zurda, por arriba. El secreto de ese gol es ganarles la carrera a los dos defensores. Yo lo vi venir a Pfaff, que quería achicar, y se la toqué por arriba.

29 Estábamos ahí para jugar la final del mundo, abajo de esa araña gigante de la que todos se deben acordar, porque nos hacía sombra. Apenas terminó el Himno, con el Tata empezamos a gritar. Nos agachábamos así, para adelante, y nos gritábamos entre todos: "¡Vaaaaamos, eh, vaaaaamos…!". Éramos once locos dispuestos a ir a la guerra.

30 Fijate que en la jugada del penal, el penal que Arppi Filho no me da porque se traga el pito, yo los pasé por arriba. Hicimos una jugada bárbara con Valdano y con Burru, paso entre todos, me hace *foul* pero sigo y lo encaro a Schumacher, justo cuando también cerraba Jakobs, creo. Le punteo la pelota y Schumacher me lleva puesto. Era penal, viejo.

31 Lo dije entonces y lo repito ahora: ese fue el momento más sublime de mi carrera. Por la forma, además... ¿Cómo no iba a llorar?

32 "¡Se lo dedicamo' a todos / la rep…!", el cantito se volvió un himno para nosotros. Y en el viaje de vuelta, más todavía. Los más quilomberos estábamos en el fondo, pero después copamos todo el avión, la primera clase donde iban los capangas… Terrible grupo se había armado. Como yo quería.

33 y 34 Hice el viaje de vuelta en el avión con la Copa en los brazos, como si fuera un bebé. No se la quería prestar a nadie. Nos subimos al avión la misma noche del partido. Lo único que nos importaba era volver a la Argentina y festejar con la gente que sí nos había bancado. Me bajé en Ezeiza con la Copa y empecé a ver la locura que se había armado alrededor del equipo. Tan distinto, tan distinto era todo a nuestra salida…

35 Cuando tenía miedo, pensaba en mi mamá, en la Tota. "Vení, Tota, vení a ayudarme", decía. Pero sabía que no iba a venir, porque yo le había pedido que se quedara en Buenos Aires. Fue la primera persona a la que abracé apenas llegué a Ezeiza. Cuando la vi, esperándome, me largué a llorar.

36 Al salir al balcón de la Casa Rosada, con la Copa del Mundo en las manos, me sentí Juan Domingo Perón cuando le hablaba a la gente. Siempre fui peronista y voy a morir peronista, por un legado de mi vieja y por Evita. Como somos machistas, todos decimos Perón, Perón, pero Evita fue grande, muy grande.

36

37 En el Mundial estaba finito, impecable. Me preparé para llegar así. Si le tengo que dar un consejo a Messi para ganar en Rusia, que puede ganar, le diría que unos meses antes del Mundial se dedique sólo a la Selección. ¿Qué le van a decir en el Barcelona, si ya le dio todo? Yo no festejo que pasaron treinta años y no volvimos a levantar una Copa del Mundo. No. Sería un traidor. Yo quiero una estrella más arriba del escudo.

podemos pelearles a los equipos verdaderos, a los grandes, a los candidatos…".

Se ha hablado mucho de que teníamos a los mexicanos en contra. Y es cierto, pero es cierto sólo en parte. Contra Corea del Sur era bastante lógico, porque la gente siempre se tira contra el más débil cuando hay mucha diferencia. Contra Bulgaria, vale lo mismo. Pero contra Italia, que éramos potencia, parejos, empezaron con ellos y terminaron con nosotros. Se dieron cuenta de que éramos los que más queríamos hacer por el espectáculo. Nosotros impusimos las condiciones del partido.

Más allá de eso, para mí Ruggeri fue la gran figura de la cancha. Venía de jugar bárbaro contra los coreanos, con el gol incluido, y acá se ocupó de Altobelli, que sólo pudo hacer un gol de penal. Después, casi ni la tocó. Es más, se tuvo que ocupar de marcarlo al Cabezón, que cuando podía se iba al área de enfrente, a buscar otro gol. ¡Quería ser goleador, el animal! Se tenía una confianza ciega y ganaba de cabeza en todos lados. Estaba afiladísimo.

Yo, a esa altura, ya volaba. Estaba muy rápido, muy al mango, y eso tenía que ver con toda la preparación física que había hecho para el Mundial. En ese trabajo previo me cambiaron la manera de entrenar, la manera de comer, la manera de hidratarme. Todo lo que hice antes del Mundial en la Argentina no existía, no se había hecho nunca y todavía no había manera de hacerlo. No era común ver eso.

Hoy veo mucho físico y poca técnica. En mi época era distinto; prevalecía la técnica, por eso sacabas diferencia si le agregabas trabajo físico. Por eso también hoy resalta tanto lo de Guardiola y genera tanta admiración. El fútbol de hoy es apurado, no es rápido. Ojo, que es distinto. Llegan apurados al arco contrario y no es así. Al arco rival hay que llegar bien, no necesariamente rápido.

Bien y rápido estaba yo en el 86 y, aunque no me crean, al '90 llegué todavía mejor. Pero lo de la uña y lo del tobillo me condicionaron. Y más me condicionó todo lo de alrededor. Ya era el demonio, el Diavolo, como decían en aquella tapa de *La Gazzetta dello Sport*.

Salvatore Carmando, mi masajista napolitano, lo vivió como yo. A él no lo querían de entrada y por eso se vino conmigo: en el '86 no le daban ni bola; después, en el '90, se lo llevaron. Se acordaron de que era italiano.

Yo era la bandera del Sur

Para el Norte poderoso fue un duro golpe lo que le hicimos con el Napoli. Durísimo. Y no era sólo en Napoli: de ahí para abajo, me amaban. Todo el Sur pobre me amaba. Yo era su bandera. La bandera del Sur pobre contra el Norte poderoso, el que le quitaba al Norte rico para darle al Sur pobre. Eso fue de toda la vida.

Hasta el '86, iba la Juve al San Paolo, hacía tres goles y se volvía; después iba el Milan, goleaba y se volvía; el Inter, lo mismo. Cuando llegué, y se empezó a armar el equipo que se armó, se dio vuelta la torta y ahí empezaron a apuntarme. Se comían de a tres, de a cuatro. La Juve, el Milan, el Inter, sea quien sea. En una final de Supercopa, le hicimos cinco a la Juve. Eso es histórico.

A partir de entonces, a partir de que les empezamos a ganar, me querían matar. En el '90, más que nunca. Y en el '91, Matarrese y Ferlaino me lo hicieron pagar. Esa era una sociedad delictiva muy grande. De Italia me fui sin que me paguen una lira y tuve que dejar todo. No reclamé ni dije nada. Me fui.

Después se la hicieron pagar a Cani también. A Caniggia. Es joda: sólo dos jugadores de diez mil dimos positivo.

Que no me jodan. Eso fue una venganza por el negocio que le hicimos perder en el '90. Eso lo ve hasta un ciego.

Hoy día, el italiano me demuestra un respeto inmenso, a pesar de todo lo que me tiraron. Sean del Sur o del Norte, del lado que sea. Para ellos, dejé de ser jugador de fútbol para convertirme en una leyenda. En eso, los tanos son muy respetuosos. A mí me emociona que ellos me sigan viendo como si todavía hoy pudiera hacer todo lo que hacía dentro de una cancha de fútbol. Eso me emociona de verdad. Lo vivo en Italia y en Inglaterra también. Es curioso, es llamativo. Pero es un hermoso reconocimiento que me hacen.

En 2011, Dalma, mi hija, insistía que quería ir a Nápoles, que quería volver a esa ciudad de donde se había ido cuando sólo tenía dos años. Y yo le decía: "No, mamita, no. Mejor andá a otro lado, en Nápoles son muy efusivos, te van a volver loca, conocé otras ciudades". Pero ella, cabeza de Maradona, insistía: "No, Pa, con vos es una locura Nápoles. ¿A mí quién me conoce? Nos fuimos de ahí cuando yo tenía dos años, nadie se va a dar cuenta de quién soy. Quedate tranquilo que voy a ir a casa de unos amigos y nadie se va a enterar de que estuve ahí. Quiero conocer todos los lugares, no recuerdo nada de Nápoles".

Y sabés qué... Yo tenía razón. Dalma me tuvo que dar la razón. Si en Argentina me demuestran mucho amor y un cariño incondicional, en Nápoles eso se multiplica. Cuando todo el mundo se enteró de que estaba en la ciudad, no podía caminar por la calle. La gente se arrodillaba delante de ella. Y Dalma los ayudaba a levantarse y les decía que ella no había hecho nada, que se tranquilizaran.

El primer día la llevaron a pasear y frenaron en la puerta de un edificio. "Bajamos un minuto", le dijeron. Subieron al ascensor, tocaron el botón del primer piso y cuando se abrió la puerta, estaban todos los vecinos en el pasillo para recibirla. Besos, abrazos, fotos, besos, abrazos, fotos...

Dalma los saludaba a todos pensando que los conocía de chiquita. En sus casas tenían fotos nuestras, de la familia, de las nenas. Cuando terminó de saludar a todos se subió al ascensor aliviada pensando que ya se iban, pero no... Tocaron el botón del segundo piso. Y de vuelta la misma ceremonia: besos, abrazos, fotos, besos, abrazos, fotos. Así fue en todos los pisos, hasta llegar al séptimo. El más "intenso" de todos. Ahí había una vitrina con fotos nuestras, ¡hasta pasto que había pisado yo! Cuando finalmente terminó de saludar a todos y pensaba que podía comenzar el paseo, la llevaron a un hospital. Cuando llegaron estaban todos esperándolos en la puerta: médicos, operarios, enfermeras, hasta pacientes había. Y nadie quería una foto grupal. ¡Fotito con cada uno!

Era un martes y abrieron la cancha para ella sola. Ella dijo que era la hija de un futbolista que había jugado ahí y primero uno no le creyó. Si hubiera sido Gianinna le decía: "¿Sabés qué? ¡Soy Maradona, dejame pasar!". Pero como era Dalma, le mostró el pasaporte. Y el tipo casi se muere. Quedó impresionada cuando vio en el estadio una especie de "santuario" que hay con fotos de mi época de jugador.

Antes de volverse fueron a comer a un shopping y la gente empezó a llevarle regalos, camisetas, trofeos. Hasta un *pen drive* le dieron con fotos de todas las familias para que yo los viera a todos, uno por uno. Cuando Dalma terminó de agradecer a todos y cada uno de los que llevaban regalos, se dio cuenta de que iba a ser imposible llevar todos esos presentes, porque ella seguía de viaje. *"Ma non preoccuparti"*, le dijeron, y se aparecieron con una valija de regalos para que pudiera guardar todo eso. Así son los napolitanos.

Volvió tan sorprendida con todo lo que le tocó vivir que de ese viaje surgió su obra de teatro *Hija de Dios*, donde contó todo. El título le trajo problemas con algunos cabeza de termo que decían que cómo se iba a creer hija de Dios, y ella se la pasa toda la obra justificando por qué, para ella, justamente su papá, es su papá y punto. Que no es Dios. Cuando fui a verla al teatro, lloré desde el minuto cero hasta el final.

Lo peor de ese viaje no fue que finalmente no pudo conocer Nápoles como ella quería, ya que tuvo que volverse porque la gente no la dejaba casi caminar por la calle. Lo peor de ese viaje es que tuvo que darle la razón a Papá, ja. Y la muy guacha cuando yo le preguntaba: "Ma, contame cómo te fue en Nápoles", me decía: "Bien, bien". No quería dar el brazo a torcer.

Hacer en la FIFA lo que hace Francisco en el Vaticano

Si tengo que buscar más diferencias con el paso del tiempo, encuentro. Si hablo de Italia, hablo de Roma. Y si hablo de Roma, hablo del Vaticano. Todos saben lo que yo pensaba del Vaticano en el '86. Con aquel Papa, con el que estuve y al que le di la mano, no me hubiera vuelto a sentar ni para tomar un café, ni aunque me pagaran mi peso en oro. Pero ahora, con Francisco, el café lo pago yo.

El Papa que tenemos hoy se preguntó para qué necesitamos un banco en el Vaticano. Por lo menos, se lo cuestionó. Y a uno que gastaba ochenta mil euros por mes, lo rajó. Ochenta mil euros por mes puede ganar Maradona, pero un cura que tiene casa, que tiene comida y tiene todo, ¿para qué quiere plata si no es para ayudar a los pobres?

A mí eso me encantó. Me encantó que este Papa se ocupara de las cosas que se tiene que ocupar, de los que más necesitan.

El tipo, Francisquito, como a mí me gusta decirle con todo el respeto del mundo, está haciendo las cosas muy bien. Le trajeron los zapatos rojos, que parecen de Prada, y él le dijo que no, que él tenía sus mocasines. Los mismos que se había comprado en Boedo. Y que le quedaban muy cómodos. Eso es genial.

Una noche se les escapó a los guardias. Y la gente, por ahí, vio pasar a un curita que de pronto se puso a comer una porción de pizza en la calle. Otro día se fue a hacer sus anteojos a una óptica común y corriente, como cualquiera.

Todo eso me identifica, por un lado, y me da miedo, por el otro. Me da miedo, porque los Papas buenos corren el riesgo de encontrar la muerte a la vuelta de la esquina. Y yo se lo dije a Francisquito. Él me dijo que me quedara tranquilo, que él sabía cuidarse y que los tenía a todos bien alineados.

Y, lo más importante, sentí que siempre me estaba hablando con el corazón.

El Papa está haciendo en el Vaticano lo que a mí me gustaría hacer en FIFA. Transparencia. Que gane la gente. En el caso de la FIFA, que no haya más cometas, que no se compren los Mundiales. Que así como el Papa se preocupa por los que tienen hambre en el mundo, los dirigentes del fútbol se preocupen de verdad por los que juegan y por los que van a ver a los que juegan. Si quieren un Mundial para entretener a la gente, bárbaro, que se lo ganen como corresponde. No que se lo ganen a golpe de coima. Porque si es por plata, se jugaría siempre en los Emiratos, porque a nivel guita nadie tiene más que ellos.

Cuando fui a visitar a Francisco, entré en el Vaticano y no vi los techos de oro. Porque me recibió mano a mano, en una piecita donde se puede juntar cualquiera, los dos tipos más comunes del mundo. Hablamos de todo, me dijo que él me necesitaba a mí y que la Argentina nos necesitaba a nosotros. Me dijo que nunca dos argentinos habían estado en la elite mundial, él en lo suyo y yo en lo mío.

Yo, la verdad, quiero que el Papa sea más famoso que Maradona. Lo que pasa es que yo tengo una ventaja y es que jugué más o menos bien al fútbol. Y el fútbol es una pasión mundial.

Capítulo V

Jugar contra la FIFA

ARGENTINA 2, BULGARIA 0
MÉXICO DF, MARTES 10 DE JUNIO

En México empecé a ser un tipo incómodo para la FIFA. Ya habíamos jugado contra Corea del Sur y nos habían molido a patadas. Entonces me quejé por la violencia. Después, jugamos contra Italia, y sufrimos un arbitraje pésimo; por eso pataleé frente a las grandes potencias de Europa y frente a Brasil. Y llegó el partido contra Bulgaria, otra vez en el estadio Olímpico, como en el debut. Nos hacían jugar al mediodía. ¡Al mediodía, con altura y con smog, hijos de puta! Había riesgo de que pasara algo serio, no era chiste.

Nosotros, arruinados; ellos, con caviar y champagne

Me acuerdo de que empezamos a charlarlo entre nosotros en la concentración. Ahí nació la rebeldía, de darnos cuenta de que teníamos poder; un poder tan increíble que, por ejemplo, si decíamos "no jugamos más", se moría todo. Todo. Eso me decía el Ciego Signorini, que se venía a charlar en la habitación con Pedrito, conmigo, con Valdano.

Valdano tenía esa cosa de decir lo que yo pensaba. Y yo en el fondo, quería ser como el Che. Pero mis armas eran las piernas, y mi bala, la pelota. Si paraba todo, tampoco servía de mucho, porque la gente nos quería ver. ¿Qué teníamos que hacer?: teníamos que jugar y teníamos que hablar, no callarnos, no callarnos nunca. Entonces le salí al cruce a Havelange por primera vez. Por la violencia, por los arbitrajes y por los horarios.

—Los jugadores tienen que jugar y nada más. Para hablar, estamos nosotros, los dirigentes, los que imponemos las leyes —dijo el muy turro.

¡¡¡Para quééé!!!

—Mire, don Havelange, los jugadores no somos esclavos de nadie y menos de usted —le contesté—. Por lo menos, escuche lo que le decimos. Si no tenemos razón, nos callamos y listo.

Las pelotas me iba a callar, pero también tenía que jugarla así. Por las dudas, para que le quedara clarito, le tiré que no podía ser un dictador. Había que decirle dictador a ese tipo en ese momento, eh. Manejaba todo y tenía más poder que nadie. Si te quería voltear, te volteaba. Era peor que el peor de los defensores que íbamos a enfrentar.

Si cambiaban el horario por la tele, porque por ahí en China no nos veían, está bien, porque nosotros también queríamos que nos vieran. Pero así como jugábamos a las doce, podían ponerlo un par de horas más tarde, qué sé yo. A las doce, con la altura y el smog, era criminal. Terminábamos arruinados. En los últimos veinte minutos de los partidos había jugadores que caminaban la cancha; les mirabas la cara y te asustaba, tenían los ojos en la nuca. Y ellos, los dirigentes, estaban sentaditos en los palcos, con aire acondicionado, tomando champagne y comiendo caviar. Hasta que vino un negrito de Villa Fiorito a decirles: "Está bien, coman el caviar más caro y tomen el mejor champú, pero nosotros queremos darle un espectáculo digno a la gente sin morirnos en el intento".

Y dar un espectáculo digno, a las doce del mediodía, con el calor que hacía, la verdad, era difícil.

En esa época, hasta Julio Grondona me daba la razón a mí. Por lo menos, no me decía que me callara. Aunque, ahora que lo pienso, por ahí jugaba a dos puntas: en la intimidad me daba la razón y cuando iba a la FIFA, les daba la razón a ellos. No me extrañaría que hubiera sido así. Además, él sabía, porque yo se lo había dicho, que a la cancha íbamos a salir igual. A ganar, que si ganábamos nos iban a escuchar más. Si no, capaz que nos trataban de llorones. Y yo, llorón, no soy ni era. Éramos rebeldes, pero sabíamos que dentro de la rebeldía teníamos que tener profesionalismo y responsabilidad.

Como los Cebollitas, pero grandes

Lo que me hacía llorar, sí, era madrugar. Y para jugar al mediodía, no quedaba otra que levantarse a las siete de la mañana. A las siete y cuarto ya los teníamos a Trobbiani y a Valdano, que eran los madrugadores, en la puerta de la habitación. A mí me encantaba afeitarme afuera, al aire libre. Una costumbre que me quedó de mi viejo, de los días de pesca. Ahí lo teníamos que hacer medio obligados, porque tampoco teníamos un baño para cada habitación. Así que ese era el primer ritual en los días de partido. Después, una ducha y a desayunar. Que desayunar era un quilombo, porque si jugabas el partido cuatro horas después, más que desayuno tenía que ser un almuerzo. Yo, muchas veces, le pedía a Carmando que me hiciera la pasta, bien a la italiana, y me la clavaba a esa hora... Por eso, digo, ¡qué dieta ni dieta! Había una cosa, qué sé yo, no sé cómo decirlo, como amateur. Como si fuéramos los Cebollitas, pero grandes; nos divertíamos, pero a la vez nos quejábamos de todo.

Lo mismo con la ropa. Si ven hoy la foto del equipo, de la formación oficial antes de empezar el Mundial, no se puede creer. Hasta marcas distintas tienen Bilardo y algunos del cuerpo técnico. Esa Selección, que les quede grabado a todos los argentinos, esa Selección llegó hasta donde llegó ¡casi sin ropa! Así éramos.

También éramos un grupo que, a esa altura, se había hecho tan fuerte que parecía que nada ni nadie podía voltearnos. Ni desde de adentro, ni desde afuera. El viaje en ómnibus, una vez que se me había pasado el malhumor por el madrugón, era todo alegría. Hablaba, y todavía hablan, de que Islas era mala leche, que se quejaba, igual que los que no jugaban ni un minuto, como Almirón o Zelada, y ellos, justamente ellos, eran los que más alentaban, los que más cantaban. Se había armado un grupo sólido, muy sólido.

Aquel martes 10 de junio, después de afeitarnos al aire libre, de ducharnos, de desayunar las pastas de Carmando, nos dimos el abrazo que nos dábamos siempre con Pasculli y arrancamos en el micro. Ya dije que estábamos bastante cerca del estadio; eso era muy bueno de la concentración. Y el viaje en sí ya era parte de la fiesta. Nos sentíamos muy seguros de nosotros mismos y ya todos nos miraban con respeto. Contra Italia habíamos mejorado y Bilardo repetía la formación. Con Nery en el arco; Cucciuffo y Garré por los laterales; Brown y Ruggeri de centrales; el Gringo, Checho y Burru en el medio; yo, suelto; arriba, Borghi y Valdano.

Los búlgaros nos miraban con miedo, sobre todo en el túnel, antes de salir a la cancha, cuando empezamos a joder con el Tata Brown y se prendieron unos cuantos más... ¿Qué hice? Me le subía caballito, empecé a gritar como si fuera un gorila, me bajé y me golpeaba el pecho. De golpe, estábamos todos gritándonos, como locos. "¡¡¡Vaaaaaamos, eh, vaaaaaamosss, carajo!!!". Los búlgaros nos miraban con una cara de cagazo infernal.

Yo había empezado la cosa como una joda, pero terminamos tomándola en serio. Hace poco me enteré de que los pibes de la Generación Dorada de básquet, unos fenómenos, ¡unos fe-nó-me-nos!, hacían una cosa parecida.

Cuando el referí, que era Berny Ulloa, el de Costa Rica, dio la orden para salir, empezamos a caminar y yo le dije a Brown:

—Ya está, Tata, ya ganamos…

—Guarda con la confianza, Diego, siempre nos decís que estemos atentos.

—Sí, pero no lo digo por nosotros; lo digo por ellos. Mirá cómo están.

La verdad, no teníamos mucha información de los búlgaros. Conocíamos a Jordanov, a ese lo teníamos entre ceja y ceja, pero no mucho más.

Dicho y hecho, contra Bulgaria empezamos a manejar el partido rápido, con el gol de Valdano a nada de empezar el partido. Pero si lo mirás de nuevo, como hice yo, vas a ver que todavía corríamos detrás de la pelota como indios. Yo no le quiero caer a Bilardo, porque van a decir: "Eh, Maradona se cree que ganó solo el Mundial". Y no, el campeonato del mundo lo ganamos todos. Creo que yo fui la frutilla del postre y eso no me lo va a sacar nadie. Pero después, eso de que teníamos un funcionamiento a partir de los entrenamientos que hacía Bilardo en la semana… ¿¡Qué funcionamiento íbamos a tener si no nos dejaba entrenar!?

Bueno, la cosa es que ahí estábamos, 1 a 0, a los tres minutos, contra los pobres búlgaros, asustados. En ese ratito, Cucciuffo fue a apretar bien arriba al lateral de ellos, le ganó, levantó la cabeza y tiró un centro como Garrincha para el cabezazo de Valdano, que fue impresionante. Veo la imagen ahora y parece congelado en al aire, como si estuviera en una foto. Saltó a la altura del travesaño, un animal, Michael Jordan...

Y Cucciuffo, un monstruo. Fue otra de las grandes revelaciones de ese Mundial: era uno de los que menos chances tenían de jugar y terminó marcando como Beckenbauer y tirando centros como si fuera Zico.

La verdad, contra Bulgaria fue un partidito. Que sirvió para clasificarnos, nada menos, pero no pudimos mejorar lo bueno que habíamos hecho contra Italia. Algo de culpa tuvieron los búlgaros, que se conformaron con perder por poco. Algo tuvo que ver también el clima, pegajoso, pesado. Lo mejor fue eso de Cucciuffo y otra cosa en la defensa: los centrales. Brown y Ruggeri la rompían. También que yo empecé a encontrar un socio en Valdano. Jorge bajaba a encontrarse con la pelota y también se encontraba conmigo. Y encima metió ese golazo de cabeza.

El que no le encontraba la vuelta al Mundial era el Bichi Borghi. Jugó el primer tiempo, nada más, y Bilardo lo sacó. Y ya no lo volvería a poner. Una pena, porque Borghi tenía un talento terrible; tal vez ese Mundial le llegó antes de tiempo. Bilardo también sacó al Checho. Bueno, lo sacaba siempre. Y al Checho no le gustaba nada. A mí tampoco. Aunque empezaba a ver que había que hacerle un lugar, de alguna manera, tanto al Vasco Olarticoechea, que entró por Batista, y al Negrito Enrique, que entró por Borghi. Pero no sé, o mejor dicho sí sé, que no eran por ellos los cambios. Ya le íbamos a encontrar la vuelta más adelante.

La cosa era clasificarse y ganar el grupo. A mí tampoco me gustaba eso de ganar apretado. Por suerte, a la media hora del segundo tiempo, cuando nos estábamos durmiendo la siesta, arranqué por la izquierda —eso que me encantaba hacer—, casi como un wing, o como un extremo, como le dicen ahora. Habíamos recuperado la pelota en la mitad de la cancha, Valdano se la dio de taco a Garré, hacia atrás; y el Mago mandó el pelotazo largo. Piqué, se la tiré por un costado al 6 y la fui a buscar por el otro, encaré para el fondo, pero antes levanté la cabeza y miré a ver quién venía... Metí el centro, un pase. El que llegó para mandarla adentro, también de cabeza, como Valdano en el primero, fue Burru. Y eso también fue una buena señal, porque Burru estaba llegando poco al arco. En Independiente llegaba como un delantero, y en la Selección le costaba soltarse. Todavía le costaba, pero valía la pena esperarlo. Para mí, no había otro en el plantel con sus características. Sólo que tenía que empezar a jugar el Mundial. Y el Mundial empezaba ahí.

Habíamos ganado el grupo, pero en los octavos de final empezaban las peleas mano a mano. A diferencia de cuatro años antes, en España 82, que se armaban grupos y a nosotros nos había tocado contra Brasil y contra Italia, acá la cosa era a matar o morir.

Por eso pedí otra reunión, otra reunión de las pesadas. Fui clarito, directo...

—Muchachos, acá las cosas salen bien cuando jugamos como nosotros queremos, ¿o no? Así que, si Bilardo nos dice que vayamos para atrás, a defendernos, nosotros vamos para adelante, a atacar... ¿¡O qué carajo somos, Burkina Faso!? Vamos a jugar a ganar, viejo... Porque ahora viene el mata o muere. Si nos ganan ahora, todo lo que hicimos no sirve para una mierda.

Hasta Passarella estaba de acuerdo conmigo. Y Bochini, ni hablar. El Tata lo defendía, y hoy lo entiendo, pero seguro que él también me entiende a mí. Yo lo banqué a Brown tanto como Bilardo. Es más, porque confiaba en él, en el Cabezón Ruggeri, en Cuchu, es que sabía que podíamos dar más, que podíamos arriesgar un poco más.

Yo estaba jugadísimo. Adentro de la cancha y afuera también.

Dólares para la familia (de la FIFA)

Volviendo a lo de la FIFA, y viendo todo lo que pasó en estos treinta años, creo que a los jugadores nos faltó unirnos más, ser contundentes como habíamos sido en México. A mí, en todo este tiempo, me vinieron a comprar varias veces. Incluso en el centenario de la AFA, que me entregaron una medalla —todo bien, y yo la agradecí mucho porque tenía que ver con la historia del fútbol, ¡del fútbol, no de la política!—, intentaron comprarme también. Fue en el '93. Jugamos con la Selección en Mar del Plata, contra Dinamarca, y después contra Brasil, en el Monumental. Me dieron una medalla por ser el mejor jugador de la historia y después me encerraron en una habitación, con Havelange. Estaba Blatter, también. Y me dijeron...

—Dieguito, queremos que seas parte de la familia de la FIFA...

—No, gracias, muchachos, pero yo ya tengo familia.

—Pero mire, Dieguito, que hay muchos dólares de cachet para los que forman parte de la familia de la FIFA.

—No, no, muchas gracias. Miren, por ahí se confundieron, yo trabajo jugando al fútbol. Yo me gano mi plata pateando la pelotita. Y le pego bastante bien.

Cuando salí de ahí, me estaba esperando Grondona.

—¿Y, qué pasó, Diego?

—No pasó nada, Julio. No pasó nada.

Y no pasó nada, hasta ahora. Por eso digo, hubo muchos jugadores que tendrían que haber sido tan insistentes y contundentes como fui yo en su momento. Ojo, hubo varios, eh, hubo varios. Y hay muchos que valen la pena. Incluyo a Didier Drogba, que es un monstruo y que llevó su lucha mucho más allá del fútbol; porque si ves lo que el tipo hizo en Costa de Marfil, se te caen las medias. Eso sí que es usar el fútbol para bien, y no como lo usan los políticos. El tipo usó el fútbol para unir a la gente, que en su país se estaba matando a tiros. Incluyo a Romario, que se metió en la política y desde la política defendió al fútbol, como lo hizo antes del Mundial de Brasil, mandando en cana a todos los corruptos, a los que se llenaban de plata, o querían llenarse de plata, a costa de la pelotita. Y no puedo dejar de lado a Hristo Stoichkov, tampoco, que siempre fue un rebelde, un peleador, como yo.

Pero fijate que el que se sacó el pantalón corto y se puso la corbata fue Platini, justo Platini, el peor. Ya hace treinta años yo lo veía al francés muy perfumado, muy light... Qué pasa: Platini siempre estuvo de los dos lados del mostrador: estaba con el caviar y el champagne y, también, se quería mostrar con los jugadores que plantábamos bandera, que íbamos a la huelga si era necesario. Estaba en las dos. O quería estar.

Por eso, en la cancha, yo le quería ganar a Platini. Por eso le quería demostrar, ahí en México, quién era el mejor. Con él tenía la rivalidad, por ser los dos número 10 y por ser los dos bien distintos cuando nos sacábamos la camiseta. Después, en la pelea futbolística, estábamos con Zico, con Rummenigge, por ahí podía sumarse Laudrup, pero era demasiado pibe. Lo que pasa es que Zico era un tipo bárbaro, que te invitaba a la casa, que jodía, que te presentaba a los hijos... A Platini, en cambio, no le conocía ni le conozco ni a los hijos, ni a la mujer, ni a la amante... ni el banco donde metía toda la plata que se robó.

Por eso a mí me hubiera gustado estar en la FIFA ahora. Pero no en la familia de la FIFA, como me decían los

Havelange, los Blatter, los Grondona hace tantos años. No. "La familia" me suena a la mafia, y eso era la FIFA. Me hubiera gustado estar en una FIFA nueva, en la que si yo soy parte y salgo a comer, no pago con la tarjeta de la FIFA. Eso sería usar la plata del fútbol para comer con mis amigos. Eso sería robar. Eso es lo que han estado haciendo todo este tiempo y espero que no lo hagan más… ¿¡Estamos todos locos!? Dicen que los futbolistas no podemos dirigir porque no somos dirigentes. Pero, ¿de quién aprendemos el oficio? Así como el zapatero viejo elige a un pibe para que siga con su oficio, Blatter en su momento eligió a Platini, pero no para enseñarle a ser dirigente, sino para robar.

Hay muchas cosas para resolver en la FIFA, y en las federaciones también. El control antidoping, por ejemplo. Algo que a mí me toca muy de cerca; sí, lo digo antes que lo diga cualquiera. ¿Sabés lo que hay que hacer? En el control antidoping tiene que haber prevención, no castigo. Hacer los mejores controles, sí, y no dejar que se meta nadie, ni las marcas ni nadie, porque hay marcas que se meten para que no les arruinen la carrera a sus estrellas. La prevención no es eso; eso es esconder. La prevención es no sancionar al jugador ante el primer caso de doping positivo, ni en el segundo tampoco. Si es reincidente, se lo interna, pero no se lo suspende. Si no sirve para el fútbol, que sirva para la vida. Hay que recuperar a la persona si no se puede recuperar al futbolista.

Y otra cosa: basta de elegir dos sedes de mundiales juntas. Basta. ¿Nadie se da cuenta de que eso es sólo para juntar más votos y más plata de coimas? A partir de ahora, que revisen todo y elijan sólo la sede que sigue. Y punto.

Pero, por lo que vi en las últimas elecciones, muchas ganas de cambiar no tienen. Lo eligieron a Gianni Infantino, que pasó de sacar las bolillas frías y calientes en los sorteos a ser presidente de la FIFA. No le importó nada que su jefe, Blatter, estuviera contra las cuerdas. Por no decir entre las rejas. No le importó, porque no les importa el fútbol. Le pregunto a la fiscal que está investigando todo: ¿no lo tiene que llamar a Infantino? Le recuerdo, por si no sabe, que durante nueve años fue asistente de Platini.

Capítulo VI

Cruzar el Río de la Plata en México

ARGENTINA 1, URUGUAY 0
PUEBLA, LUNES 16 DE JUNIO

Contra Uruguay jugué mi mejor partido de todo el Mundial, lejos. Primero, porque no perdí un mano a mano; les gané a todos los uruguayos que se me pusieron enfrente. La mitad de la cancha de ellos, y ahí estaba la clave, justo ahí, no me vieron nunca, nunca me vieron. Incluso escuché que el Flaco Francescoli, en una que nos cruzamos, no me acuerdo si había bajado yo o había bajado él, les dijo: "Pero, escúchenme una cosa, ¡agárrenlo aunque sea de la camiseta!". Así, tal cual. Un fenómeno, Enzo. Ya nos llevábamos bien en aquella época. Pero era un Argentina-Uruguay, y un Argentina-Uruguay se juega con dientes apretados, sin regalar nada.

Los uruguayos son los uruguayos

Ellos llegaban mal; habían entrado por la ventana en los octavos de final. Le habían hecho buen partido a Alemania, en el debut, y después se comieron flor de baile contra los daneses, que la rompían. Estaba Elkjaer-Larsen, que yo conocía bien del Verona; estaba Michael Laudrup, que todavía era un pendejo de 22 años y ya la descosía toda en la Juve; estaba Morten Olsen, que era un defensor bárbaro; estaba Soren Lerby, que el Flaco Menotti decía que iba a ser figura del Mundial... Un equipazo. Lo agarraron a Uruguay en la segunda fecha y le metieron seis, ¡seis le metieron! Después, los yoruguas empataron 0 a 0 con Escocia y se clasificaron de pedo, ¡con dos puntos! Entraron como uno de los mejores terceros, por diferencia de gol, dos menos en contra que Hungría. Ese partido con los escoceses fue uno de los pocos que fuimos a ver a la cancha, porque se jugó en Neza, cerca del Distrito Federal.

Estábamos en octavos de final y era hora de mirar un poco para todos lados, para ver cómo venían los demás.

Creo que los latinoamericanos nos adaptamos mejor a todas las contras: la altura, el clima, las canchas. Estamos más acostumbrados. Y así como los daneses, en avión, venían los brasileños. Fueron los únicos dos que no perdieron ni un punto en la primera fase. Los dirigía Telê Santana y tenían cada nene: Zico entraba desde el banco, pero estaban Sócrates, Careca, Alemão, Junior... En el grupo, se clasificó con España, que todavía jugaba a otra cosa, nada que ver con la que vino después. A Argelia, que tenía jugadores que tocaban lindo, como Madjer y Belloumi, le costó ganarle. A Irlanda del Norte la pasó por encima, con dos goles de mi amigo Careca, que todavía no era mi amigo. Para la gilada, ya eran casi campeones. Para nosotros, mejor: que no creyeran en nosotros.

México era local y tenía a Hugo Sánchez, que ya era figura en el Real Madrid, pero sufrió para pasar. No creo que haya habido otro jugador que haya representado a México como Hugo, pero jugando de locales les costó. Los dirigía Bora, el Loco Milutinovic, un personaje. En ese grupo también se clasificaron Paraguay —otro sudamericano, ¿ves?— y Bélgica, que venía desde atrás, despacito y por las piedras.

Igual que los soviéticos, porque en esa época todavía era la URSS. Tenían un arquerazo, Dassaev, y un buen delantero, Belanov. Iban para adelante como locos. Terminaron arriba de Francia en el grupo. Francia no era sólo Platini, eh, no era sólo él. Francia era Amoros, Tigana, Giresse, Luis Fernández, Papin... Pero le costó, le costó un huevo.

Nosotros, en cambio, veníamos muy bien, pero podíamos estar mejor. Les habíamos ganado 3-1 a los karatecas coreanos, de arranque; después empatamos 1-1 con Italia, pero jugamos bárbaro; y a los búlgaros, en el último partido del grupo, no los dejamos ni levantarse de la cama, les ganamos sólo 2 a 0 cuando tendríamos que haber seguido apretando, y eso me había dejado recaliente. Yo los quería pasar por arriba a todos. A todos.

Terminamos primeros en el grupo nuestro, el A, con 5 puntos. Invictos, ¡invictos! Metimos seis goles y nos hicieron dos nomás.

Y a los uruguayos salimos a jugarles con Pumpido, Cucciuffo, Brown, Ruggeri y Garré; Giusti, Burruchaga, Batista y yo; Valdano y Pasculli. Anotá esa formación, porque iba a ser la última vez con esos nombres y ese esquema. Me acuerdo, yo me la pasé diciéndoles a los muchachos: "No hay que confiarse, no hay que confiarse. Ellos tienen buenos jugadores, se van a matar para bajarnos". Y dale que dale: "Tenemos que estar muy metidos, muy concentrados... No ganamos nada, todavía".

Ojo, a mí me sobraba confianza. Lo que habíamos hecho contra Italia, sobre todo, me había dejado la seguridad de que íbamos a llegar lejos. Pero los uruguayos son los uruguayos. Me acordaba del '79, primero en el Sudamericano Juvenil, en Montevideo, y después en el Mundial, en Japón.

En Montevideo, nos ganaron y se quedaron con el título ellos: primero, perdimos en la fase inicial y después nos ganaron 1 a 0 en la ronda final. En Tokio fue durísimo, nos recagaron a patadas, pero les ganamos nosotros, y encima pasamos a la final. Me acuerdo mucho de aquel partido porque fue duro, duro... ¡Cómo pegaban! En aquel equipo estaba el arquero Alvez y también Bossio, Barrios... Y estaba Rubén Paz, que la rompía. Con ellos, justo con ellos era que nos íbamos a reencontrar en México; el clásico con Uruguay no tiene edad.

Un partido para un 4 a 0

Desde la concentración, en el Distrito Federal, cerca del Azteca, hasta Puebla, donde ya habíamos jugado contra Italia, fuimos en ómnibus. Eran unos 150 kilómetros, que hacíamos en menos de dos horas. Nos conocíamos bien el camino y bien los rituales. Cada uno sabía dónde tenía que sentarse. Los quilomberos íbamos al medio.

Me acuerdo de que Valdano se quedaba colgado, mirando por la ventanilla, porque en el recorrido íbamos pasando por barrios bien distintos. Algunos, con casas espectaculares, impresionantes. Otros, con casas muy pobres, con la gente sentada en la vereda, cortándose el pelo... Era como hacer un paseo por todo México en un par de horas.

No sé cómo estará todo eso ahora, pero el otro día, cuando vi por televisión que reinauguraban el estadio Cuauhtémoc, y justo con Boca jugando ahí, me costó reconocerlo. Hace treinta años era un estadio para 30.000 personas, y el día que jugamos contra Uruguay no estaba lleno. Y estaba repartido, más argentinos que uruguayos, no sentíamos todavía eso de la hostilidad de los mexicanos... Había varios hinchas argentinos. Y barras, sólo la de Boca, con el Abuelo a la cabeza. Sí, iban a la concentración, pero no pasaban del portón. Nunca entraron, nunca.

Una vez, me acuerdo, salíamos para hacer el paseo de siempre, al shopping, y estaban ahí afuera, bloqueando el portón. El Abuelo y un par más, de Boca. Nos pedían guita, estaban viviendo en una casa, no sé dónde... Como todo, se habló con los muchachos. Se resolvió no darles nada y no se les dio nada. Creo que había algunos más, también, de Chacarita. Pero no eran más de cincuenta tipos. A nosotros nunca nos rompieron las pelotas y creo que a la gente tampoco. Qué sé yo, eran otros tiempos...

De lo que me acuerdo perfecto, fue que arrancamos con un calor bárbaro, como todos los partidos que jugamos en el Mundial, y que al final se largó un temporal bestial. Pero, más que eso, me acuerdo de que los matamos a pelotazos.

Vuelvo a ver el partido, también por primera vez en mi vida, sólo para reconfirmar lo que está en mi cabeza: si no tuvimos cuatro o cinco situaciones claras de gol, no me llamo Diego Armando Maradona. Se nos complicó en los últimos minutos, es cierto, pero porque nosotros no lo supimos definir. Pero ese partido era para un 4 a 0, o a lo sumo 4 a 1.

Miralo, miralo...

A ver, ¿quién era el marcador de punta nuestro por la derecha? Cucciuffo, sí. Y entonces ¿por qué aparece por la izquierda, en la segunda jugada del partido? ¿Ves lo que digo? Mirá el partido de nuevo y fijate que, en la primera pelota, Cucciuffo la saca sobre la derecha, y después aparece por la izquierda. ¿Ves lo que digo, que no teníamos orden?

Es cierto, Cuchu tenía que anular a Francescoli y entonces lo seguía. Por el otro lado, lo de Garré era más estático y le costaba más pasar al ataque. Checho y Giusti se ocupaban de recuperar en la mitad de la cancha, y con Burru, Valdano y Pasculli nos movíamos todo el tiempo.

Cualquiera de los cuatro podía terminar de punta. Atrás, todo se arreglaba con la sabiduría del Cabezón Ruggeri, del Tata Brown... Esa sabiduría los llevó a corregir cosas en momentos del partido que a Argentina le podrían haber costado muy caro.

Mirá lo que era el Cabezón, ¡lo que era! La velocidad que tenía, los huevos que ponía, lo espigado que estaba. Pasaban los partidos y todos tomábamos cada vez más seguridad. Ahora, cuando lo vuelvo a ver, me doy cuenta de que no perdí ni un mano a mano. Ni uno solo.

Fue un partido muy hablado. Claro, con los uruguayos, imaginate. Aparte, iban con los tapones de punta. Pero no fue un partido violento, para nada. Circuló por ahí una historia que decía que antes del partido Barrios o Bossio, no sé cuál, se me había acercado para avisarme que jugara tranquilo, que no me iban a pegar... Ni una cosa ni la otra. Nadie me dijo una cosa así, porque eso no va contra el sentimiento del jugador uruguayo. Rasparon, sí, pero lo normal. Me salieron a cazar un par de veces y los uruguayos cuando pegan, pegan, ¿eh? Cuando te van al tobillo, duele en serio: otro te pisa, el uruguayo te pega. Directo, de frente.

A mí me mandaron justamente a Barrios encima, aunque también podría haber sido Bossio. Pero fue Barrios. Y lo que hice fue pasearlo por todo el ancho de la cancha. Me lo llevaba a la derecha, me lo llevaba a la izquierda. Y fue por ahí, por la izquierda, donde me tuvo que revolear un par de veces para pararme.

Antes de los cinco minutos ya le había mostrado a él, y a mí, que el mejor negocio iba a estar desbordando por izquierda. Tuve una por el otro lado y terminé contra los carteles. Pero tuve otra por la izquierda, me lo llevé a la rastra y saqué uno de esos centros de wing izquierdo, que a mí me encantaban: apretado entre la raya de fondo y el defensor, llegando en velocidad, la enganchaba como cuchareándola, pero con fuerza. Como aquella vez. Terminó en córner, pero fue una señal. Él era grandote, mucho más alto que yo, por eso una vez que tomaba velocidad no me podía agarrar.

Enseguida tuvimos la primera clarita, clarita. Alvez sacó largo desde el arco, devolvió el Checho, la pelota sobró al Tano Gutiérrez, me fui por la izquierda, casi adentro del área y metí el centro para Valdano, que llegaba. Se tiró casi en palomita, Jorge, pero la peinó y se le fue cruzada. Para mí, la primera. Y hay que ir anotando. Otra jugada de gol. Son un montón.

Valdano era una rueda de auxilio total, para los delanteros y para los defensores. Él vivió la pelea del bilardismo contra el menottismo de la misma manera que yo: nosotros dejamos de lado el bilardismo y el menottismo para ponernos la camiseta argentina.

En ese primer tiempo los uruguayos no llegaron nunca, casi nunca. Un centro de Venancio Ramos, que agarró tranquilo Nery. Y diez minutos después de aquella de Valdano, yo tuve otra. Un tiro libre que reventó el travesaño. Me encantaba cuando la pelota me llenaba el pie. Cuando es así, no necesitás mirar cómo termina: cuando sale, ya te das cuenta de que puede ser gol. Aquella vez no fue por centímetros, nada...

El secreto está en no sacar tan rápido el pie de la pelota, acompañarla todo lo que se pueda. Porque si no, la pelota no sabe dónde la querés mandar. Una vez, cuando era técnico de la Selección, me quedé con Messi y le dije exactamente eso. El que no me crea, que le pregunte a Fernando Signorini. El Ciego lo contó en un libro que escribió, tal cual como fue, porque él fue testigo, en Marsella. Era la práctica previa a un amistoso contra Francia y Lio se quedó pateando tiros libres, con Mascherano y alguno más. Le pegó una vez y la mandó a la tribuna. Fastidioso, porque no le gusta perder a nada, enfiló para el vestuario. Fernando lo chicaneó, le dijo "cómo te vas a ir después de patear esa porquería" y Lio volvió. Yo había visto todo y se quedó conmigo. Le pegué así y la clavé en un ángulo. Se lo expliqué a Messi y la cazó al vuelo, enseguida la cazó.

Aquella tarde, en Puebla, me faltaron dos centímetros; tendría que haberle dejado el pie un segundo más.

Tenía que terminar adentro

Ya iban dos situaciones de gol claritas, andá anotando.

El partido avanzaba y nosotros jugábamos cada vez un poquito mejor. Lo mismo que en el Mundial: cada minuto que pasaba, éramos un poco mejores. Yo jugaba con el pecho inflado. Y ese pantaloncito que usaba no le entraba ni a Dalma. Hoy juegan con polleras. ¡Qué finito que estaba! Y qué rápido… Me daba para bajar a recuperar la pelota y todo. Claro, ¡pasaron treinta años!

Promediando el primer tiempo, Barrios me atendió feo por primera vez. Me cruzó a destiempo, abajo y sobre todo arriba, con la mano en la cara. Me quedó otro tiro libre pero no la acaricié lo suficiente; se me fue más alto. El que me acarició después fue Barrios, pidiéndome disculpas. Estaba todo bien, parecíamos señoritas.

Igual, hubo un par de cruces ásperos y en uno, o en dos seguidos, mejor dicho, Garré se quedó afuera. Francescoli le tocó la pelotita y lo bajó una vez. Y un minuto después, lo mismo. Agnolin lo amonestó y esa amarilla lo dejaba a Garré afuera del partido siguiente, si es que nos clasificábamos, porque hasta ahí estábamos 0 a 0.

Pero así se escribe la historia, a veces. Tal vez, si a Garré no lo amonestaban, nunca iba a entrar el Vasco Olarticoechea. En ese partido nos dimos cuenta de que teníamos al as de espadas en el banco. ¡Y claaaro! Pero, fijate, ya estábamos en octavos de final y el Vasco no había sido titular en ningún partido y físicamente la rompía, la rompía...

En el final del primer tiempo tuvo otro desborde de esos de wing izquierdo y el Tano Gutiérrez casi se la mete en contra a Alvez. Hasta ahí, las figuras eran el Checho, el Cabezón, el Tata, pero no porque Uruguay nos llegara mucho, que no llegó nada; porque anticipaban siempre. Nos faltaba meterla, eso nos faltaba. Nada más. Y la metimos.

A los 42, cuando parecía que se nos iba el primer tiempo, salimos jugando desde el fondo, le enganché dos veces a Barrios, lo busqué al Checho que, cayéndose, la abrió para Burruchaga. Burru mandó la pelota al área, le rebotó a Valdano y el pobre Acevedo se la llevó por delante y la pasó al medio. Fue la mejor asistencia que podía recibir Pasculli. Pedrito ni preguntó quién le había hecho el pase. Definió de derecha, de primera, cruzado, al otro palo de Alvez. La verdad, lo merecíamos: era la tercera llegada clarita, tenía que terminar adentro.

Me alegré por Pasculli. Si lo había comprado yo, a Pedrito. ¡120.000 dólares, me acuerdo! Con Miguel Ángel López, que era el DT de Argentinos, le dimos como veinte cheques de quince mil pesos a Colón... Por eso, a Pasculli lo sentía especialmente. Y además estaba en la habitación conmigo. Lo vi gozar y lo vi sufrir. Porque después de ese partido, Bilardo lo sacó. Y ya no lo iba a poner más. El llanto se lo tuve que bancar yo a Pedrito. Es cierto, si no se hacía el cambio, iba a tener que bancar al Negro Enrique, que jugaba o se volvía. El Negro tenía su carácter, también. A mí, la verdad, no me sorprendió que estuviera en la lista. A otros sí, pero a mí no. Sabía que era un jugador bárbaro, capaz de acoplarse a todos aunque hubiera jugado un solo partido con el grupo. Terminó siendo muy importante, porque era el auxilio de todo el mundo. Claro, Bilardo se la había pasado hablando del trabajo, del trabajo, y a él lo llevó casi sin partidos. Lo tuvo en Toulon y casi no lo puso. Después, apareció en la lista. Terminó siendo, para muchos, una de las grandes revelaciones del Mundial. En ese partido contra Uruguay, lo tuvo calentando desde el entretiempo, en el vestuario, junto con el Vasco Olarticoechea… Esto me lo contó el mismo Negro en la última Navidad, que la pasó en mi casa: que se la pasó calentando y nunca lo hizo entrar, que lo mandó al Vasco para arriba, para ver qué pasaba, y que Bilardo terminó poniéndolo a Olarticoechea, pero no a él. Por eso ni se imaginaba que iba a jugar al partido siguiente, si pasábamos. Ni se le cruzaba por la cabeza al Negro lo que iba a vivir…

Pero la revelación, la gran revelación, fue el Tata Brown, sobre todo por la presión de reemplazar al Káiser, que se había borrado. Impresionante el Tata, te daba la sensación de un Mariscal. Y con la pelota al pie, que él en su puta vida hacía eso. Yo creo que fue el pico de su carrera, nunca jugó así: el mérito es hacerlo ahí. Hay jugadores de Mundial, totalmente, como también hay tipos súper talentosos en sus clubes, o incluso en una eliminatoria, pero llegan al Mundial y no la tocan.

Y ahí sí, en el segundo tiempo, empezó mi show. De arranque nomás, fui a presionar y Agnolin me cobró una plancha que no era. Pero enseguida, a los dos minutos, vino una contra y piqué como wing derecho. El Gringo Giusti me la tiró larga, se la puntié al Tano Gutiérrez y le gané al guadañazo. Encaré a Bossio y lo desbordé… Te dije que empezaba mi show… Desde la derecha, le pego de chanfle con zurda, acomodando el cuerpo, para que la pelota no se vaya y haga una comba. Es que, cuando la tirás derecha, corrés el riesgo de que el que te viene a cerrar te tire. En cambio, si la tirás de chanfle, ya te abrís, y el defensor ya no llega y el arquero tampoco. Es como que ya le vas ganando la posición.

Ahora le llaman "control orientado", pero eso ya estaba inventado.

La cosa es que la pelota hizo una comba, para esquivar a Alvez, y le quedó a Pasculli de frente al arco; pero se tiró, la punteó, y se le fue larga por el segundo palo. Otra clarita, clarita... Y ya iban tres, además del gol, ¿no? La de Valdano de cabeza y la mía de tiro libre en el travesaño.

Iba a haber más, en ese segundo tiempo, mucho más.

Y empezaron a pegar más

Hubo un tiro libre del Flaco Francescoli, que se le complicó un poco a Nery, pero poco más. Y enseguida tuvimos nosotros otra situación clara. Me lo saqué de encima a Barrios en el medio, y lo bueno de desequilibrar ahí, teniéndolo encima, era que despejabas el campo. Cayéndome, se la tiré a Pasculli, que desbordó por izquierda y mandó el centro para el medio, por donde llegaba Burru... Dos veces le pegó Burru. Y volvió a salvarse. Otra más y van cuatro, además del gol.

Estábamos tan confiados que hasta el Gringo Giusti le pegaba de afuera. La tiraba a la tribuna, pero le pegaba. Incluso me sacó un tiro libre. Le pegó y se fue lejos: "Nunca más en tu puta vida vas a patear un tiro libre conmigo en la cancha, Gringo", le dije.

Yo me quedé más de punta, por la izquierda, y ahí le complicaba la vida a Bossio. No quería que jugáramos de contraataque y la verdad es que no lo hacíamos. Íbamos presionando cada vez más arriba, cada vez con más confianza. Tuve otra, después de un lindo pase de Burru: le pegué de afuera y me la sacó Alvez. No digo que fue clarísima, pero se puede seguir sumando. A esa altura, un cuartito de hora del segundo tiempo, ya éramos mucho más que Uruguay.

Esa Argentina ya no era cautelosa. Porque los jugadores no queríamos. Uruguay era el cauteloso: perdiendo, no salía. Si mirás el partido, como volví a verlo yo ahora, treinta años después, te vas a dar cuenta de que teníamos que ir a buscarlos nosotros. Mirá, mirá... Mirá cómo marcaba: trabajaba mucho en la recuperación. Vas a ver que nosotros nos juntábamos ahí, en la mitad de la cancha, porque sabíamos que podíamos tocar. Con el Checho, con Burru: era distraer y sacar la pelota. Eso, porque éramos multitud en mitad de cancha... Y eso empezó a notarse en el partido siguiente, cuando salió Pedrito y se metió el Negrito Enrique. Empezamos a ganar el Mundial en el medio.

Ahí fue cuando los uruguayos empezaron a pegar más. A mí me atendió Barrios, a Pasculli también. Y Agnolin, que había amonestado a Garré y a Brown, se hacía bien el nabo. Me bajaron dos veces en un minuto y él nada... Por ahí no me pegaron de forma tan espectacular como los coreanos, pero hicieron muchas faltas en el segundo tiempo. Muchas. Había partes que me dolían más. Ni los tobillos ni las rodillas, lo que más me dolía era la espalda. Pero yo lo tenía a Carmando, que era una cosa mágica. Manos mágicas. Me masajeaba antes y después del partido. Y cuando me masajeaba en el vestuario, yo era capaz de quedarme dormido, por importante que fuera el partido. Me relajaba totalmente. Usaba un mejunje raro, con barro; nunca me dijo qué era y yo nunca le pregunté.

Enseguida, ellos metieron a Rubén Paz por Acevedo. Y aunque todos creen que a partir de ese momento nos empezaron a complicar, ¡nada que ver!... Desbordó un par de veces por la izquierda apenas entró, es cierto, pero no llegaron. No llegaron.

Los que volvimos a llegar, en ese rato, fuimos nosotros. Otra vez el arranque en la mitad de la cancha. Si repaso todo el Mundial, voy a encontrar varias de esas: apretaba el acelerador ahí, cruzando la raya central, y los rivales se desarmaban. Marcaba mucha diferencia con el pique corto. Jugué con Valdano, que encaró derechito a Alvez... Le metió un fierrazo de derecha, la sacó el arquero y el rebote me quedó a mí, con el Tano Gutiérrez cerrando. Le gané con el costado del pie y la metí.

Pero Agnolin me lo anuló. Plancha, ¡plancha me cobró! No hay plancha de ninguna manera. Puse el pie así, de costado. Le protesté en italiano. Y justamente me lo encuentro en el campeonato italiano, un tiempo después. En un Napoli-Roma, me acuerdo. Me lo encuentro y le digo:

—¡Qué gol que me robaste, ¿eh?!

—¿Sabés que sí, Diego? Después lo vi y tenés razón —me contestó.

—¿¡¡¡Y qué gano con tener la razón ahora, la concha de tu hermana!!!? —le grité.

—Yo creí que era plancha, Diego. Y no: vos se la agarrás y se la sacás, así...

Nunca, nunca levanto el pie. Una pena. Ahí sí que hubiéramos cerrado el partido. Y ya perdí la cuenta de todas las situaciones de gol que habíamos desperdiciado.

Yo le seguí protestando, le juraba en italiano por toda la familia que no había sido plancha. Y, mientras tanto, seguíamos llegando. Hubo un centro bárbaro de Burruchaga que cabeceó Valdano del otro lado y terminó sacándola el Tano Gutiérrez. Yo seguía quejándome con Agnolin.

Faltando quince minutos, más que temporal uruguayo lo que se vino fue un temporal en serio. ¡Lo que llovía! Primero fue el viento y después se largó el aguacero. Tremendo. Ahí fue cuando las camisetas azules empezaron a pesarnos como pulóveres. No, no era la presión de la camiseta argentina; eran pesadas de verdad.

A mí me tuvo que bajar dos veces Barrios, dos veces de la misma manera, para que Agnolin por fin lo amonestara.

Fue por la izquierda, casi arrancando de wing, cuando los estábamos volviendo locos de contra. A esta altura, recuerdo las imágenes de Corea y las comparo con las de Uruguay y no son dos partidos distintos... ¡Son dos Mundiales distintos! Ese partido lo jugamos a los pedos. No habíamos jugado tan rápido contra Corea y contra Bulgaria. Eso pasa a veces en los Mundiales. Te vas acelerando. Aparte, los jugadores van tomando confianza. Y hay una motivación especial. Distinta.

Y está el cagómetro, también.

Me gustó, porque los Mundiales se juegan así: es una cuestión de ganas, de estar bien, de sentirte importante, de saber que representás a tu país. Y ojo, eh, a esa altura todavía no sentíamos el respeto de todos los que nos habían criticado. No. Pero ya estaba preparado el cantito: "Se lo dedicamo' / a todos / la reputa madre que los reparió". ¿Quiénes eran todos? Todos eran los periodistas. Los periodistas, básicamente.

A todo o nada

La famosa jugada que les hizo pensar a todos que Uruguay nos tenía contra un arco, cosa que no fue así, llegó faltando tres minutos. Es cierto, fue clarita. La pelota le quedó corta a Cuchu en la puerta del área y Rubén Paz sacó un zurdazo bárbaro. Ya llovía un montón, el pasto estaba rapidito. Nery se tiró, la sacó y la pelota quedó ahí, flotando en el área chica... El Flaco Francescoli se tiró con todo, con los pies para adelante, y chocó con Nery. Le dejó la pierna, Enzo. ¡Para qué, para quééé! Con el Flaco Francesoli ya tenía un aprecio grande, incluso habíamos estado hablando antes del partido; pero los dos queríamos ganar, por supuesto. Jugábamos con todo. Y esa relación era todavía mejor con sus compañeros de River. Pero me acuerdo de que Ruggeri lo fue a apretar, ¡lo levantó del cogote, casi! También se le fueron al humo Valdano, Brown... Es que faltaba nada y a esa altura todo servía para que corriera el reloj. No se nos podía escapar, no se nos podía escapar, era a todo o nada. Fue un muy buen partido, muy bueno.

Cuando Nery se levantó, un siglo después, salimos rápido del fondo. Pumpido se consolidó junto con nosotros. No es espectacular. No te va a salvar un partido, pero tampoco te lo va a arruinar. Un arquero de Selección. La cosa es que en la última jugada, cuando faltaba menos de un minuto, tuvimos una más. La recibí en la mitad de la cancha, hice el giro ese que hacía siempre y llego a ver que me pasa un azul al lado mío. Y la tiro adelante sabiendo que atrás no había nadie... Era Pedrito. Le solté la pelota, se la puse delante y se fue solo contra Alvez. Se fue, se fue, se engolosinó, y Alvez se la terminó sacando. Era un avión, yo. Fíjense que la pellizco, lo veo a Pasculli y hago *tac*...

Así cerramos el partido, contra otra llegada nuestra. Por eso decía: tuvimos muchas situaciones en el segundo tiempo, muchas. La de Pedro, la de Valdano, la de Burru, la mía, otra de Valdano. Más el gol de Pedro. O sea, el partido podría haber estado 5 a 0. Y nada de Uruguay, nada, ni pateó al arco hasta los últimos quince minutos. Después, fue todo para adelante, pero no influyó tanto la posición de Rubén Paz. Igual, menos mal que no entró antes. Pero fue más nuestra responsabilidad, de no definirlo, que lo que hizo Uruguay.

Vean el partido de nuevo, si pueden: se van a dar cuenta de que terminamos 1 a 0 por culpa nuestra, no por culpa de la lluvia ni de Uruguay. Era para cinco o seis a cero. En serio. Jugábamos en serio.

Y aquella tarde también festejamos en serio. Estábamos

enloquecidos. Sabíamos íntimamente que jugábamos cada vez mejor, que éramos aviones… Y a esa altura, los aviones que se volvían eran los de los otros. El nuestro seguía en México.

Capítulo VII

Una final

ARGENTINA 2, INGLATERRA 1
MÉXICO DF, DOMINGO 22 DE JUNIO

Si era por los argentinos, teníamos que salir con una ametralladora cada uno y matar a Shilton, a Stevens, a Butcher, a Fenwick, a Sansom, a Steven, a Hodge, a Reid, a Hoddle, a Beardsley, a Lineker. Pero nosotros nos alejamos de ese quilombo. Ellos eran sólo nuestros rivales. Lo que yo sí quería era tirarles sombreros, caños, bailarlos, hacerles un gol con la mano y hacerles otro más, el segundo, que fuera el gol más grande de la historia.

Me acuerdo bien. Cuando los periodistas se enteraron de que íbamos a jugar contra Inglaterra en los cuartos de final, evitamos hablar porque sabíamos bien que las preguntas apuntarían más a cómo íbamos a gritarles los goles, si íbamos a hacerle el *fuck you* a la Thatcher, si le íbamos a pegar una piña a Shilton. Ya sabíamos cómo venía la mano, por eso elegimos mantenernos alejados, serenos. En todo caso, la cuestión iba por dentro. Y les aseguro que, por dentro, ardía. A mí me explotaba el corazón. Pero había que jugarlo.

En la previa, el tema de la guerra no pasaba desapercibido. ¡No podía pasar! La verdad es que los ingleses nos habían matado a muchos chicos, pero si bien los ingleses son culpables, igual de culpables habían sido los argentinos que mandaron a los pibes a enfrentar a la tercera potencia mundial con zapatillas Flecha. Uno nunca pierde el patriotismo, pero uno habría querido más que no hubiera habido guerra. Y, en todo caso, que la hubiéramos ganado nosotros. Yo me acordaba bien del '82, cuando llegamos a España: era una masacre de piernas y de brazos, de todos esos pibes argentinos regados por Malvinas, mientras a nosotros los hijos de puta de los militares nos decían que estábamos ganando la guerra.

Entonces, como yo me acordaba perfectamente de aquello, no jugué el partido pensando que íbamos a ganar la guerra, pero sí que le íbamos a hacer honor a la memoria de los muertos, a darles un alivio a los familiares de los chicos y a sacar a Inglaterra del plano mundial... futbolístico. Dejarlos afuera del Mundial en esa instancia era como hacerlos rendirse.

Era una batalla, sí, pero en mi campo de batalla.

Yo no le puedo echar la culpa a Lineker. No, no, no, muchachos. Aquello era un partido de fútbol y así lo interpretamos todos. Porque los ingleses fueron caballeros con nosotros. Incluso después que ganamos, ellos vinieron a saludar, vinieron al vestuario a cambiar camisetas. Les digo: a mí me quieren hacer enemigo de Inglaterra y no lo soy. Para mí, que ellos se acuerden de Bobby Charlton, por ejemplo, después de setenta años de no haber pisado una cancha, me emociona. Y, lamentablemente, creo que es una cosa que en la Argentina no voy a ver nunca. Si el Tata Brown fue campeón del mundo y una tarde hace unos años no lo dejaron entrar en la cancha de Estudiantes.

De eso hablamos en la concentración, antes de salir. Es cierto que no era un partido más, ¡qué iba a ser un partido más! Desde que nos habíamos enterado de que iban a ser nuestros rivales, nos daban vueltas en la cabeza. Los habíamos ido a ver, contra Paraguay, en el Azteca. Les ganaron fácil. A mí no me sorprendió que pasaran; eran mejores.

Contra ellos, nosotros íbamos a jugar por primera vez en ese estadio y al mediodía. Como quedaba a cinco minutos de la concentración, a las nueve y media de la mañana estaba prevista la salida del micro. Pero a las nueve, media hora antes, ya estábamos todos al pie del cañón, como soldaditos. Yo, que siempre duermo como un animal, me había despertado más temprano que nunca. Tenía ganas de que llegara la hora del partido, tenía ganas de salir a jugar y que terminara el palabrerío…

Y en el vestuario seguimos con lo mismo. De lo único que hablábamos era de que íbamos a jugar un partido de fútbol, de que teníamos una guerra perdida, sí, pero no por culpa nuestra ni de los muchachos que íbamos a enfrentar. Y creo que eso fue suficiente para entrar a jugar con la carga justa, la necesaria.

De eso les hablé yo a los muchachos. Porque estábamos todos cargados, muy cargados. Los rituales los hicimos, como en los partidos anteriores. Yo, antes del vendaje ese que me hacía Carmando, dibujaba un jugador en el piso. Y guarda que alguno lo pisara, guarda... Estaba la Virgen de Luján donde tenía que estar, estaba todo.

Hay una foto que siempre recuerdo, muy linda, muy especial. Vamos entrando los dos equipos por una especie de rampa que tenía el estadio detrás de un arco. Había casi 115.000 personas en la cancha, pero yo sólo escuchaba el ruido de los tapones sobre ese piso, medio metálico. Ya no nos hablábamos. Ni entre nosotros ni con ellos.

Ya nos habíamos saludado todos, porque antes había algo parecido a una habitación donde nos juntábamos con los rivales. Con Glenn Hoddle yo había jugado el partido de Osvaldo Ardiles, con la camiseta del Tottenham, y tenía buena relación. Pero además los ingleses se lo tomaron con una seriedad y un respeto terrible, como se debía, y nosotros con la misma seriedad y el mismo respeto.

Para ellos también era un momento muy difícil. Nos enteramos de que, antes del partido, les había hablado un tipo, creo que el ministro de Deportes, o algo así, para que tampoco se metieran en quilombos con declaraciones y para que no se dejaran llevar por la calentura en el juego. Los jugadores estábamos todos en la misma.

La carga estaba afuera, en lo que le podía agregar la gente, los hinchas.

Ojo, porque el público lo que quería ver era fútbol también. Pero lo cierto es que la cuestión política estaba jugándose mucho más afuera, entre ellos y entre los propios gobiernos, que entre los jugadores. La política siempre usó al fútbol y lo seguirá haciendo, que no quepa la menor duda. No es lo mismo sacarse una foto con un jugador de pato que con un jugador de fútbol, y eso el político lo sabe y lo sabrá, por los siglos de los siglos. Y no es lo mismo ganar un mundial, tener una selección que gane un mundial y tranquilice las cosas.

Hoy, con los ingleses me llevo de maravilla. Nos llevamos, puedo decir, porque cada vez que un Maradona aterriza en Inglaterra, como le pasó a Dalma o a Gianinna, apenas presentan el pasaporte le dicen *"You, legend"*. Me gusta, me gusta mucho cómo cambiaron los ingleses, cómo pasaron de los *hooligans* que mataban a todo el mundo a lo que son hoy, donde vas y te podés poner una camiseta del Arsenal al lado de uno del Newcastle y no pasa nada.

Y hablando de camisetas, la azul que usamos contra Inglaterra, justamente, tiene una historia especial, muy especial.

Para un partido especial, una camiseta muy especial

Le Coq Sportif había hecho una camiseta titular linda, muy linda. Con agujeritos y todo, ideal para el calor terrible que hacía en México, sobre todo para ese insoportable horario del mediodía. Pero se habrán olvidado de que algún partido teníamos que jugar con la camiseta alternativa y mucha bola no le dieron a eso, me parece. Cuando jugamos contra Uruguay, en Puebla, se largó a llover y la azul que nos habían dado pesaba más que un pulóver mojado. Cuando se supo que contra Inglaterra nos tocaba a nosotros ir con la alternativa, porque ellos iban a jugar con la blanca, nos entró la desesperación a todos: ¿con el sol del mediodía y la altura del DF vamos a jugar de pulóver? ¿¡Y contra Inglaterra!? ¡¡¡Ni en pedooo!!!

Le pedimos a la marca que nos hiciera una azul con agujeritos, como la titular, pero nos dijeron que no había tiempo, que no llegaban. Bilardo las empezó a agujerear con una tijera, una locura...

Entonces, allá salió el pobre Rubén Moschella, el empleado administrativo de la AFA, que resolvía todo. Él me había conseguido la lista con los números de teléfono, de donde pudo sacar los gastos de Passarella, ¿cómo no iba a conseguir un juego de camisetas azules? Je, ahora parece un chiste, pero en ese momento era un drama. Y la verdad es que ahora también parece un chiste para un plantel profesional: ¿alguien se imagina a un seleccionado de hoy, en un Mundial, buscando camisetas alternativas por los barrios de la ciudad, como si las estuvieran buscando en Once, en Buenos Aires? Bueno, así fue.

Cuarenta negocios recorrió Moschella. Cuarenta. Algunos dicen que fue al de Zelada, que tenía una casa de deportes, pero ni Zelada se acuerda. La única verdad es que Moschella encontró dos variantes de camisetas, en un par de esas tiendas. Pero ninguna tenía los agujeritos de la original, ese era un diseño especial. Las dejó reservadas en los dos y tomó la precaución de ir antes a la concentración con los dos modelos, para consultar cuál comprar. ¡Podría haber comprado dos juegos de las dos, pero así se cuidaba el mango en aquella época!

La cosa es que ahí estaban, con los dos modelos, mirando cuál elegir, un día antes del partido. Me preguntaron a mí y no dudé ni un segundo. Marqué una con el dedo y les dije: "Esta. Con esta le ganamos a Inglaterra".

A "esta", eso sí, le faltaban el escudo y los números, pequeño detalle. El escudo lo bordaron dos costureras del América. Lo hicieron bastante bien, pero se ve que se durmieron, porque se olvidaron de poner los laureles.

Y los números, lo de los números fue una joda… Cuando salimos a la cancha, algunos todavía teníamos brillantina en la cara. Y el Negro Tito Benrós, el genio de los utileros, ni les cuento. ¡Estaba más para el carnaval de Gualeguaychú que para el Azteca, después de estampar 38 camisetas a pura plancha! Es que los números los hicimos plateados, con brillantina. Si se largaba a llover, como en el partido contra Uruguay, se armaba un quilombo bárbaro, no íbamos a saber ni quiénes éramos ni de qué jugábamos…

Así, con brillantina en la cara y en las manos, nos fuimos a dormir como a las once de la noche. Y el partido se jugaba al otro día, tempranísimo.

No podíamos dar ni un paso atrás

Pero lo de las camisetas no fue lo único que agitó la previa.

Como si fuera poco la cuestión de jugar contra Inglaterra, Bilardo me fue a buscar a la habitación, que compartía con Pedro Pasculli. Raro, me pidió si podía salir. Claro, con lo que me iba a decir...

—Diego, voy a sacar a Pasculli...

—...

—Me la juego.

—Es su tema —le contesté—. Lo único que puedo decirle es que está destrozando a un tipo, que está ahí adentro y viene de hacer el gol del triunfo contra Uruguay.

—Sí, pero por ahí nos van a entrar mucho.

A mí, lo único que me importaba era consolar a Pedro, que lloraba como un chico. Y lo único que me tranquilizaba era que entraba el Negro Enrique, un monstruo. Un tipo que lo había obligado a cambiar a Bilardo, que lo tuvo que convocar cuando casi no había jugado en la Selección, y que volvía a obligarlo ahora, porque se ponía solo en el equipo con su personalidad.

El otro que entraba era el Vasco Olarticoechea. Para mí, un as de espadas. Nunca, nunca había sido titular hasta ahí. Pero se notaba que físicamente se había adaptado fenómeno a la altura y cada vez que le había tocado jugar, viniendo de afuera, la había descosido. La había dejado chiquita así. El Vasco entraba por Garré, que había llegado al límite de amonestaciones contra Uruguay. Si no, no sé si entraba, eh, no sé... Yo no quiero ser reiterativo, pero esas charlas de Bilardo que dicen que duraban una hora, es mentira; duraban veinte minutos, como mucho. Y algunas cosas, varias, se le fueron dando. Lo de Enrique, por ejemplo: ni idea tenía el Negro que iba a jugar ese partido. Ni idea. Es más: se enteró el mismo día. ¿Y sabés una cosa más del Negro Enrique? No tenía botines, no tenía ninguna marca que le diera botines. Y yo lo enganché con Puma, para el Mundial, para que jugara en el Mundial. Decime si a algún jugador de hoy le va a pasar eso alguna vez... ¡Hasta los pibes de la novena tienen botines que les dan las marcas!

Lo cierto es que, con la entrada de Enrique, cambiamos tácticamente, y ahí le bloqueamos mucho más la mitad de la cancha, con Burruchaga tirado por izquierda, soportado por Giusti, por ese lado. Por el otro, lo mismo hacía el Negro, con Olarticoechea detrás. Por el medio, el Checho. Atrás, de líbero, Brown, con Cucciuffo y Ruggeri de *stoppers*. Arriba, Valdano, que se tiraba atrás, y yo.

La formación histórica, la de la revolución táctica de Bilardo, la que todos se acuerdan, apareció recién en los cuartos de final. Hasta ahí habíamos jugado con cuatro en el fondo, no jodamos.

Lo que pasa es que este equipo fue muy inteligente, le jugó a cada rival como le tenía que jugar. No hubo un equipo que nos haya pasado por arriba o nos haya encontrado mano a mano. Noooo, todo lo contrario; salvo algunos minutos contra Inglaterra, al final, nunca pasamos sobresaltos.

A los ingleses los habíamos visto jugar contra Paraguay y le habían ganado 3 a 0. Nosotros sabíamos que tenían buen medio campo, combativo, pero también sabíamos que no eran pibes: eran ya hombres experimentados. Repaso la formación y me da la razón de eso: Shilton; Stevens, Sansom, Fenwick y Butcher; Hoddle, Reid, Steven y Hodge; Lineker y Beardsley.

A Hoddle yo lo conocía, creía que era el jugador a cuidar, tenía buen remate con las dos piernas, armaba el equipo. Y Beardsley, que iba a todas. Eso también lo hablamos con Bilardo. No contábamos con el morochito Barnes, que entró y nos complicó la vida... Cada vez que lo veo a Barnes —y lo he visto muchas veces, en partidos de la Champions, en Inglaterra y también en Dubai, está gordito, como yo— se muere de risa, como diciendo: "¡El cagazo que les hice pegar!".

Y es cierto, el grone nos hizo pegar un cagazo bárbaro,

pero eso fue al final. Antes habíamos arrancado nosotros imponiendo las condiciones. Ojo, es cierto que algo nos pasaba por la cabeza, aunque nos habíamos preparado para que no fuera así. Todo eso de la guerra... El primer tiempo jugamos algo nerviosos, necesitamos cuarenta y cinco minutos para procesarlo.

Veníamos del partido contra Uruguay. Y, como ya dije, Uruguay había sido y terminó siendo, para mí, mi mejor partido y también el mejor partido del equipo. Pero, sin faltarle el respeto a Uruguay, enfrentábamos a Inglaterra. Y yo estaba convencido de que Inglaterra era un escalón más que Uruguay. Pero, ¿qué pasaba? Eso no implicaba tenerles más respeto futbolístico. Nosotros teníamos un recorrido ya ganado y no podíamos dar un paso atrás, ¡no podíamos! Teníamos que seguir apretando para delante. Si le preguntan a Valdano, él les va a decir, les va a contar. En el entretiempo, yo les dije eso: "¡Muchachos, muchachos! ¡Ni un paso atrás, viejo, ni un paso atrás!". Yo sentía que estábamos especulando un poco, y no me gustaba nada... Bilardo, ni mu. No dijo una palabra. O sí. "Tiene razón, Diego", dijo.

¿Qué notaba yo? Varias cosas. Una, el estado del piso... Horrible, horrible. Incluso creo que en este partido la cancha estuvo genial comparado con la final, pero la verdad es que era lamentable. ¿Y qué pasaba? Que nosotros estábamos más acostumbrados, quizá porque entrenábamos mucho más y porque nos adaptamos mucho más rápido a la cancha esa, por lo que veníamos haciendo en las canchitas del América.

La otra, el calor. Hacía un calor que no se podía... Pero nosotros sí. Ellos sufrieron el calor mucho más que nosotros. Se cansaron mucho más que nosotros.

Y, más importante todavía, la altura. Ellos venían de jugar en Monterrey, en el llano. Nosotros habíamos jugado dos partidos en el Distrito y, encima, vivíamos ahí. Ya no se nos reventaba el pecho, volábamos en la altura...

Por eso, a veces nos pegaban a destiempo. Pero sin mala intención. Nunca había vuelto a ver el partido completo, hasta ahora, y cuando lo veo confirmo lo que sentí aquella vez, que se jugó con una lealtad total. Si lo ven, se van a dar cuenta de que los ingleses te pegaban patadas y te ayudaban a levantar. No se ve una tensión especial, como si se estuviera jugando algo más que un partido. Ahí, más que la tensión del pase de turno no se jugaba.

Además, en ese Mundial se acabaron las marcas personales. Yo siempre jugué libre, al margen del equipo que pusieran en la cancha. No sé si Robson, el técnico de ellos, habrá pensado que a mí muchas veces se me facilitaban las cosas cuando me ponían un tipo encima, pero no me mandó a nadie. Los ingleses no me hicieron marca personal.

Yo me movía libre en ataque y tenía la misma libertad para bajar hasta donde quisiera. Los corría hasta ahí, hasta la mitad de la cancha y un poquito más, porque sabía que podía cerrar algún ángulo para que mis compañeros no sufrieran tanto.

Y así fuimos creciendo como equipo. A ver: nosotros no crecimos como equipo en los entrenamientos; crecimos como equipo en los partidos, que eso le quede claro a la gente.

Yo me sentía más picante que nunca hasta ahí. ¡Volaba! Agarraba la pelota y en el pique corto les ganaba segundos a los rivales. Pisaba con la punta de los pies y salía disparado, como Usain Bolt. A mí me aburría ver jugar a los equipos de Bilardo, pero no me aburría jugando en los equipos de Bilardo, ¿entendés?

Y no me aburría porque todos me la daban a mí, y sabían que era la primera opción, que me la podían dar siempre, estuviera donde estuviera y contra quien sea. Ya todos nos tenían otro respeto. Los árbitros también. Y ahí estaba el tunecino Alí Bennaceur, que se ve que había tomado nota de las patadas que me habían dado los coreanos, primero, y los uruguayos, en el partido anterior.

Lo digo ahora y más allá de lo que pasó después, porque antes de los diez minutos, apenas había empezado el partido, tuve un arranque, el primero: dejé atrás a dos ingleses, y Fenwick me bajó cuando estaba llegando al área. Ahí fue el tunecino y le sacó la amarilla. Fue una señal, una buena señal… Todo, la jugada y la sanción. Porque iba a tener otro de esos arranques y Fenwick iba a ser uno de los que se me cruzaría en el camino. Y creo que con la tarjeta ya quedó condicionado. A mí me sirvió para marcar el terreno, aunque la jugada no haya terminado en nada.

Después, hubo un cabezazo del Cabezón Ruggeri que se fue por arriba del travesaño y, antes de los quince, Nery, que nunca fallaba, que era un relojito, nos hizo pegar el primer susto… Quiso salir jugando con los pies y, como es arquero, la perdió. Se la robó Beardsley, que a mí me encantaba, y le pegó desde el costado. Yo, desde la mitad de la cancha, vi volar la pelota hacia el arco vacío y dije "cagamos", pero no, pegó en el costado de la red.

Creo que fue una de las pocas de ellos. Nosotros manejábamos el ritmo y la pelota. La verdad, la verdad que el partido era un embole para verlo, pero nosotros éramos muy inteligentes para movernos, sobre todo del medio para adelante. Atrás, el equipo ya se había afianzado. El Tata Brown era un Mariscal, ¡qué Káiser ni Káiser! Ruggeri y Cucciuffo te comían los tobillos, como *stoppers*. Y el Giusti y el Vasco eran dos relojitos por afuera. El Gringo hasta se animaba a llegar al área porque, claro, todavía no le habían puesto al Negrito Barnes por su lado. Entonces, podía ser más mediocampista, que era lo que más sentía, que lateral, que en eso se le escapaba la tortuga… Pero en ese primer tiempo hasta tuvo una llegada contra Shilton. Se resbaló y terminó llevándoselo puesto al inglés, pero ni ahí pasó nada, nada... Contra otro rival, tal vez terminábamos a las piñas, como casi habíamos terminado contra los uruguayos. Y contra los ingleses, justamente contra la ingleses, terminábamos todos dándonos la mano, como pidiéndonos disculpas. Lo vuelvo a ver ahora y lo confirmo. Así fue.

Es posible que la gente no se acuerde de eso, como tampoco que a la media hora del primer tiempo tuve una corrida parecida a la que vino después, pero no terminó en gol. Terminó en *foul*. Después tuve un tiro libre, que era más para centro, ahora lo veo, pero le pegué al arco. La quería meter, la quería meter... Esa era mi revancha, no putearme con los ingleses. Le pegué y se fue al córner y ahí sí me enojé. Pero no con los ingleses; me enojé con el banderín. Me molestaba, como los fotógrafos que estaban sentados ahí, y tiré a la mierda la banderita roja. Me acuerdo bien; vino Ulloa, el asistente, a obligarme a ponerlo de nuevo.

—Dejame de romper las pelotas —le dije, recaliente.

—Le dejo de romper las pelotas, pero ponga la banderita —me contestó el tipo.

—Está bien, la pongo. Y el próximo Mundial, juego de linesman.

La verdad, estuvo bien Ulloa. Me podría haber amonestado y no lo hizo. Me puse la banderita en la cabeza, primero, y después la coloqué en el palo. Hay una linda foto de ese momento...

Después tuve otra corrida más, de sesenta metros. Estaba afiladísimo, afiladísimo. Encaraba y sabía que no me iban a poder parar. O me bajaban o seguía, como me bajaron una vez de un codazo y el referí no vio. Pero, bueno, qué le voy a decir al bueno de Bennaceur ahora, ¿no? Si esa que no vio valió para que tampoco viera la otra, mejor... Sí, sí, la verdad es que me tocó el inglés, pero no lo hizo queriendo: él fue a girar y justo yo me levanté. Por eso ni le reclamé: hablé con él, sí, pero en mi perfecto inglés, je, le estaba explicando que lo entendía. La verdad, fue un partido de caballeros.

Los ingleses llegaron una vez más antes de que terminara el primer tiempo, pero sólo con un par de pelotazos. Les faltaban ideas y nosotros habíamos tenido la pelota.

A mí, igual, no me había gustado. El dominio no nos servía de nada si no la metíamos. Y no la habíamos metido. Por eso dije que lo que dije en el entretiempo, en el vestuario. No quería que nos conformáramos con eso.

Cuando digo "La mano de Dios"...

Apenas arrancó el segundo tiempo hice lo de siempre, pero esta vez con una intención especial: me persigné. Toqué con Valdano y arrancamos. No quería perder ni un segundo. Quería ganar ese partido sí o sí, y sentía que había llegado la hora de cambiar la historia.

Cinco minutos tuve que esperar. Cinco. Nada más.

Cuando me la dio el Vasco, que había cruzado la mitad de la cancha con la actitud de un delantero —porque eso tenía de bueno el Vasco, era un defensor que jugaba la pelota como un mediocampista y atacaba como un delantero—, yo empecé a encarar, con la pelota dominada, en diagonal desde la izquierda hacia el medio, con el arco entre ceja y ceja. La veía fácil, la verdad, la veía fácil para encarar porque estaban todos con marcas... Yo buscaba una camiseta azul para que me devolviera la pared, nada más, y sabía que después me iba a ir solo.

Cuando se la di a Valdano, le rebotó y se le fue un poquito alta, con Hodge al lado. Entonces Hodge lo anticipó. Y Hodge comete el error, que para mí no es un error porque en ese momento le podías dar la pelota atrás al arquero, de levantarla para Shilton en vez de revolearla... Si Hodge la hubiera revoleado, la pelota no me llegaba nunca a mí. Nunca.

Pero me cayó como un globito, como un globito me cayó. Aaahhh, qué regalito, papá...

"Esta es la mía", dije. "No sé si le voy a ganar, pero me la juego. Si me lo cobra, me lo cobra." Salté como una rana, y eso fue lo que no se esperaba Shilton. Él pensaba, creo, que yo lo iba a ir a chocar. Pero salté como una rana, fijate en las fotos; eso es lo que habla de cómo estaba mi cuerpo.

Le gané a Shilton porque físicamente estaba hecho una fiera. Él saltó, sí, pero yo salté antes, porque venía mirando la pelota y en cambio él cerró los ojos.

Shilton tenía la costumbre de pegarle con los dos puños a la pelota, y para pegarle así se le trabucó un poco. Si te fijás en las fotos, la diferencia que hay de Shilton a la mano mía y a la pelota es grande. Shilton ni aparece y, si te fijás en los pies, yo ya estoy despegando, sigo para arriba, sigo subiendo, y él todavía ni despegó.

Digo que en el salto parezco una rana porque tengo las piernas encogidas, como en cruz, como cuando elongás los aductores, de espaldas a él, y ahí se me notan hasta las costillas... Se me ve que no tenía ni un gramo de grasa, que tenía piernas fuertes.

Cuando caí, salí enseguida para festejar el gol. La pelota había salido fuertísima. Le di con el puño pero salió como si hubiera sido un zurdazo más que un cabezazo. Llegó a la red y todo. Hice así, *tac*, y no me podían ver nunca... Ni el juez, ni el línea, ni Shilton, que se quedó perdido buscando la pelota. El que se avivó fue Fenwick, que había sido el último en quedarse de frente al arco conmigo. Pero después, nada más, ninguno más. Tocaron todos de oído, hasta Shilton, que no sabía ni dónde estaba.

Miré al referí, que no tomaba ninguna decisión; miré al línea, lo mismo. Y me fui corriendo a festejar. Yo decidí lo que ellos no se animaban a decidir. Bennaceur, después me lo contó, miró al línea. Y el línea, que era un búlgaro, Dotchev, se quedó esperándolo a él: ni levantó la bandera ni salió corriendo para la mitad de la cancha; le tiró toda la responsabilidad, cuando él estaba de frente a la jugada. Después se pelearon entre ellos por eso, creo, porque uno dijo que el otro era el culpable.

Yo seguí corriendo, sin mirar para atrás. Llegó el Checho primero que nadie, pero muy lento, como si viniera pensando "no lo cobra, no lo cobra". Yo quería que se sumaran más, pero sólo vinieron Valdano y Burruchaga. Es que Bilardo les tenía prohibido a los mediocampistas ir a festejar los goles, porque no quería que se cansaran. Pero esta vez los necesitaba, los necesitaba…

Creo que ellos no querían ni mirar para atrás, para la cancha, por miedo a que lo anularan. Cuando llegó el Checho, me preguntó:

—Lo hiciste con la mano, ¿no? ¿Lo hiciste con la mano?

Y yo le contesté:

—Cerrá el orto y seguí festejando.

Enseguida miré para el lugar de la tribuna donde estaban mi viejo y Coco. Les hice un gesto con el puño cerrado, y ellos me respondieron con el puño cerrado también.

El miedo a que lo anularan estaba todavía, pero no lo anularon.

Del gol con la mano no me arrepiento en absoluto. ¡No me arrepiento! Con el respeto que me merecen hinchas, jugadores, dirigentes, no me arrepiento en lo más mínimo. Porque yo crecí con esto, porque en Fiorito yo hacía goles con la mano permanentemente. Y lo mismo hice adelante de más de 100.000 personas que no me vieron… Porque todo el mundo se quedó gritando el gol. Y si lo gritaron, es porque no tenían ninguna duda. Así que, ahora, ¿cómo vamos a echarle la culpa a mi amigo el tunecino?

Le gané un juicio a un diario inglés que tituló "Maradona, el arrepentido", cosa que jamás se me pasó por la cabeza. Ni ahí, inmediatamente, ni treinta años después... Ni hasta el último suspiro, antes de morirme. Como le contesté a un periodista inglés, de la BBC, un año después: "Fue un gol totalmente legítimo, porque lo convalidó el árbitro. Y yo no soy quién para dudar de la honestidad del árbitro, je". Lo mismo le dije a Lineker, cuando estuvo en mi casa, en Buenos Aires, para hacerme una entrevista, también para un canal inglés.

Lo primero que me preguntó fue:

—¿Lo hiciste con tu mano o con la mano de Dios?

Y yo le contesté:

—Fue con mi mano. Pero con esto no quiero faltarles el respeto a los hinchas ingleses.

Y le conté que ya había hecho otros, que me quedé mirando si el referí y los asistentes mordían el anzuelo... Él se dio cuenta —bicho, futbolista— que mis compañeros no venían a festejar y también me preguntó por eso. Entonces le conté que yo los llamaba, que vinieran a abrazarme, así nadie se avivaba.

Me acuerdo de que me dijo que una jugada así, en Inglaterra, la consideraban trampa, y tramposo al que la hacía. Yo le dije que, para mí, era picardía. Y pícaro el que la hacía.

El diálogo fue lindo, yo lo sentí de futbolista a futbolista. Lo hicimos en el patio de la casa de mis viejos, en Villa Devoto.

—¿Por qué dijiste lo de "La mano de Dios"? —me preguntó también.

—Porque Dios nos dio la mano, porque nos dio una mano. Porque es muy difícil que la jugada no sea vista por dos personas: el árbitro y el juez de línea. Por eso dije que fue la mano de Dios.

—Yo le echo la culpa al referí y al asistente, no a vos —me dijo—. Y el segundo gol fue la primera y única vez en toda mi carrera que tuve ganas de aplaudir un gol de rival...

Casi le di un beso en la boca cuando me confesó eso.

—Es el gol de los sueños, el gol de los sueños. Nosotros, los futbolistas, siempre soñamos con anotar el mejor gol de la historia. Lo soñamos y lo tenemos en la cabeza... Y la verdad fue que, para mí, hacer ese gol fue fantástico. Y en el Mundial, ¡increíble!

—¿Y mejor todavía hacérselo a Inglaterra? —se puso picante, como si fuera un periodista de verdad.

Y yo le contesté de verdad, también.

—Hubiera sido mucho más complicado de hacer contra Italia, por ejemplo, contra Uruguay o contra Brasil. Fue mucho más fácil contra ustedes, porque el jugador inglés es mucho más noble y honesto en la cancha.

El tipo quería saber más, más allá de los goles, quiero decir.

—Muchos dicen que ganaste ese Mundial solo, que no tenían un buen equipo. ¿Qué pensás?

—Teníamos un gran equipo. Un buen equipo que se fue armando con los partidos, por la inteligencia de los jugadores, y, sí... se volvió mucho mejor por mi presencia, ¿para qué te voy a mentir? Yo reconozco eso.

Pero le agregué y lo agrego: también estoy convencido de que yo no gané el Mundial solo, es un hecho. Sin la ayuda del equipo podría haber ganado el partido contra Inglaterra, tal vez, pero no todos los que ganamos.

Me preguntó otra vez si no me sentía mal por el gol con la mano y yo le contesté que era un juego, que si el árbitro no se había dado cuenta, formaba parte del juego. Y Lineker se la rebancó, jamás me dijo absolutamente nada. O sí: "Son cosas del fútbol". Un grande, Lineker, siempre terminamos hablando así cuando nos vemos.

Shilton sí se enojó. Y va a seguir enojado por arquero. Dijo: "No voy a invitarlo a Maradona a mi partido despedida...". Ja. ¿Y quién quiere ir a un partido despedida de un arquero? ¿¡Y de Shilton!? Shilton, al que se le rompieron los amortiguadores. ¿No vieron cómo camina? Fíjense, van a ver. Tiene que cambiar amortiguadores.

Yo hice muchos goles con la mano, muchos. En los Cebollitas, en Argentinos, en Boca, en el Napoli.

Con los Cebollitas lo hice en el Parque Saavedra. Los contrarios me vieron y se fueron encima del referí. Al final dio el gol y se armó un quilombo terrible... Yo sabía que no estaba bien, pero una cosa era decirlo en frío y otra muy distinta tomar la decisión en la calentura del partido: vos querés llegar a la pelota y la mano se te va sola.

Siempre me acuerdo de un árbitro que me anuló un gol que hice con la mano contra Vélez, muchos años después de los Cebollitas, con la camiseta de Argentinos, y muchos años antes de México 86, con la camiseta de la Selección. Él me aconsejó que no lo hiciera más; yo le agradecí, pero también le dije que no le podía prometer nada. Imagino que habrá festejado como loco el triunfo contra Inglaterra. No sé, me imagino.

Con Boca le hice uno a Rosario Central y no se dio cuenta nadie, ni preguntaron, y le metí *tac*, cortita, al primer palo. Con el Napoli, después le hice un gol al Udinese, otro a la Sampdoria. El gol al Udinese fue aquel en el que Zico me dijo, en la cancha misma: "Si no decís que fue con la mano, sos deshonesto". Yo le di la mano y le dije: "Mucho gusto, Zico; me llamo Diego Armando 'Deshonesto' Maradona".

Yo sé que soy más ídolo en Escocia que en cualquier otro lado por ese gol, por el primero. En esos lugares donde no los quieren a los ingleses, soy Gardel. Ahí, soy más genio que en Fiorito. Sé que los escoceses inventaron un himno, que cantan en la cancha cuando juegan contra los ingleses. Un día les pedí que me lo escribieran en un papelito. Lo tengo guardado. Cantan así...

Oh, Diego Maradona / Oh, Diego Maradona / He put the English out / out, out, out / put your left hand in / your left hand in / your left hand out / your left hand out / in, out shake it all / about, he put the / English out, out, out.

Y yo no entiendo nada de inglés, pero algo de que les metí la mano dicen. Y cuando lo cantan, se los ve felices a los escoceses.

Para mí, eso sí, fue como robarle a un ladrón: creo que tengo cien años de perdón.

En la conferencia de prensa no sabía cómo salir del brete. Al principio, seguía diciendo que lo había hecho con la cabeza. No sé, tenía miedo de que, como todavía estaba en el estadio, lo anularan, qué sé yo. Y a alguno le dije a la pasada eso de "la cabeza de Maradona y la mano de Dios". Y lo dije pensando en todos los pibes que habían muerto, en todos ellos —y ahí sí ya me sensibilicé—, que había sido "la mano de Dios" la que me hizo hacer el gol. No que yo era Dios ni que mi mano era la de Dios: que la mano de Dios, pensando en todos los chicos destrozados en Malvinas, era la que había hecho eso gol.

Eso es lo que siento hoy, treinta años después.

En aquel momento, claro, salió de cualquier manera. Es más, me contaron que un solo diario publicó la frase. ¡Uno solo! Y fue *Crónica*, justo *Crónica*, el mismo diario que había sido fundamental para mi pase a Boca, en el '81, porque ahí yo había inventado que estaban interesados en mí cuando todavía ni habían movido un dedo. Bueno, lo cierto es que ellos publicaron mi frase, que en aquel momento fue así: "Lo juro por lo que más quieran; salté junto con Shilton, pero le di con la cabeza. Lo que pasa es que se vio el puño del arquero y por eso la confusión. Pero fue de cabeza, no tengan ninguna duda. Si hasta me quedó un chichón en la frente. Lo hice con la cabeza de Maradona, pero con la mano de Dios".

¡Ja!, me lo leen ahora, así, y me río. ¿Qué iba a decir en ese momento? ¿Lo iba a mandar en cana al pobre Alí Bennaceur?

Menos mal que no lo hice, porque cuando lo volví a ver, muchos años después, cuando yo ya vivía acá, en Dubai, y me recibió en su casa de Túnez, pareció un tipo encantador. "Volvería a convalidar el gol, Diego, volvería a convalidarlo", me dijo. "Porque yo no lo vi, pero mi asistente tampoco. Dotchev no lo vio, y él estaba mucho mejor ubicado que yo, así que no lo pudo haber visto nadie… Ni siquiera cien mil personas en la cancha lo vieron." Divino, Bennaceur. Me dio mucha ternura. Me abrió las puertas de su casa, muy humilde, vestido con una túnica gris. Cero rencor, cero. En el gimnasio de mi casa tengo un cuadro con la foto del gol con la mano y otra saludándolo a él, antes del partido, en el encuentro de los capitanes. Le pedí que me la dedicara y todo.

Yo sé que los caretas ahora me corren con la tecnología. Y, ¿saben qué? Banco a muerte la tecnología en el fútbol. Pero todos tienen que saber algo. En ese momento no había, como no hay todavía. Y si hubiera habido tecnología en ese momento y antes, Inglaterra no tendría la Copa del Mundo que tiene, porque el gol que les dan en el Mundial de ellos en el '66 es vergonzoso. Medio metro afuera, y se lo dan.

Es cierto, con tecnología mi gol no hubiera sido convalidado. Y hoy yo estoy de acuerdo con la tecnología. Es más, la voy a promover en la FIFA si me dan algún día la oportunidad. Ya estamos hablando de que todo el mundo, todo el deporte, quiere transparencia, quieren gritar un gol justo después de ver la repetición, para saber si le pegó con la rodilla o la agarró con la mano, como pasa en el fútbol americano, en el rugby, en el básquet. No podemos estar nosotros, los del fútbol, alejados de la tecnología. Entonces ayudemos, en serio lo digo. Yo voy a ser uno de los que va a votar en la FIFA en favor de la tecnología. Pongámosle el nombre que quieran, Ojo de Halcón, lo que sea. No, la mano de Dios, no. Lo pueden tomar mal los ingleses, y yo lo que quiero en la FIFA es unir a todo el mundo.

La verdad es que después de ese primer gol nosotros nos atrevimos a atacar a Inglaterra, cosa que antes del gol mío con la mano no habíamos hecho. No los habíamos atacado frontalmente: los atacábamos, pero una sí y dos no. A partir de ahí, cambió todo. Pero lo cierto es que, a esa altura, ya éramos un equipo mucho más ordenado.

Sé que Peter Reid declaró en un documental que tiene pesadillas con ese partido, que todavía se despierta todo transpirado a la noche. Pero cuando me encontré con él —y no fue una sola vez—, me habló del segundo gol, no del primero. Siempre me habla de ese gol. Él dijo, en ese programa de ESPN, que fue "una obra de arte", que le daban ganas de pararse y aplaudirme, que no podían frenarme de ninguna manera. Y a mí, personalmente, cara a cara, me dijo algo más, me dijo así: "Yo, cuando vi al potro salvaje que agarró velocidad, no pude más y me tiré al medio, solo. Me entregué".

Si ven el gol de nuevo, como a mí me lo hicieron ver millones de veces, se van a dar cuenta de que eso es cierto. Lo estoy viendo ahora, mientras recuerdo. Ahí está, ahí está cuando Reid me deja. Qué momento...

Señoras y señores, con ustedes: El Gol

La jugada nace ahí, en el pase de Enrique. Sí, más allá del chiste, el pase del Negro es fundamental. ¿Qué pasaba si le erraba por medio metro, eh, qué pasaba? Yo no la recibía como la recibí y no podía girar como lo hice, para sacarme a dos de encima, a Beardsley y al pobre Reid. En el giro ya me saco a dos, vayan contando, y había quedado Hodge por ahí, pero Hodge no marcaba a nadie... Enseguida se ve cómo Reid me abandona cuando yo ya estoy lanzado, corriendo desde la derecha hacia el arco, dos metros más allá de la mitad de la cancha. Eso es lo que cuenta él del "potro salvaje", ese momento. Entonces me sale Butcher por primera vez. Yo le amago a irme por afuera y engancho apenas para adentro. Pasa de largo, el inglés, que gira y me empieza a perseguir... Yo lo voy sintiendo a él, atrás, a mi derecha, como si me estuviera respirando en la nuca.

Y también los veo a Valdano y a Burruchaga que me vienen pidiendo la pelota por el otro lado, por la izquierda, pero ¡ni loco se la voy a dar, ni loco! Si la pelota la traía yo desde mi casa...

Entonces me sale Fenwick. Y acá quiero hacerles un homenaje a los ingleses. Miren que no soy de regalarle nada a nadie, pero si hubiese sido contra otro equipo, ese gol no lo habría hecho, ¡no lo habría hecho! Me hubiesen volteado antes, pero los ingleses son nobles. Fijate, fijate la nobleza de Fenwick, que me tira el manotazo, pero no me lo tira en la cara... Me tira el manotazo a la altura del estómago, lo mismo que si me acunara como a un bebé. Nada. Ni lo siento, además de la velocidad y la potencia que traía... Por eso digo que si hubiese sido contra otro equipo, quizás hoy no estaríamos viendo este gol. Después me leyeron por ahí que él dijo que estaba condicionado por la amarilla del primer tiempo, que tuvo que decidir en un segundo si hacerme *foul* o no, y que lo expulsaran. Cuando se decidió, me parece, la pelota ya estaba adentro. También dijo que, si me encuentra, no me daría la mano, pero yo creo que sí, que me daría la mano y hasta un abrazo.

Butcher sí me tira un patadón. ¡No se imaginan lo que fue la patada de Butcher! Me da abajo, a ver si me podía levantar y tirarme a la mierda. Pero yo llego tan armado ahí que cuando la toco tres dedos para mandarla adentro, me importa tres huevos la patada de Butcher. Lo sentí más en el vestuario el golpe: ¡cuando me miré el tobillo no lo podía creer, lo tenía a la miseria!

Como ya lo dije mil veces, en el momento no me acordé de aquello que me había dicho mi hermano el Turco, pero sí me di cuenta de que, aunque sea inconscientemente, algo de eso me había venido a la cabeza. Y a los pies. Porque defino como el Turco me había dicho que hiciera. Así lo conté, en su momento. Resulta que cinco años antes, en el '81, durante una gira por Inglaterra, en Wembley, yo había hecho una jugada muy parecida y definí tocándola a un costado cuando me salió el arquero... La pelota se fue afuera por nada, cuando yo ya estaba gritando el gol... El Turco me llamó por teléfono y me dijo: "¡Boludo!, no tendrías que haber tocado... Le hubieras amagado, si ya estaba tirado el arquero...". Y yo le contesté: "¡Hijo de puta! Vos porque lo estabas mirando por televisión...". Pero él me mató: "No, Pelu, si vos le amagabas, enganchabas para afuera y definías con derecha, ¿entendés?". ¡Siete años tenía el pendejo! Bueno, la cosa es que esta vez definí como mi hermano quería...

Pero la verdad fue que Shilton me ayuda. Lo peor que hace Shilton, como se ve, es que no me tapa nada. A Shilton no le tengo que hacer ningún amague; le tengo que adelantar la pelota nada más... Hizo cualquier cosa menos taparme como un arquero normal. Cuando lo paso, yo ya sabía que era gol: la toco, *tac*, cortita, tres dedos para que la pelota entre mansita. Y listo.

Ahí sí que salí gritando como loco. No necesité mirar al referí ni a nadie. Sabía lo que había hecho. Corrí por la línea de fondo y, cuando llegué al córner, me encontré con Salvatore Carmando, justo con él. Me abrazó y enseguida llegaron todos los demás. Burruchaga, Batista, Valdano, se olvidaron de los retos de Bilardo: "¡Qué gol hiciste, hijo de puta, qué gol hiciste!", me gritaban.

Cuando estuve con Bennaceur, en Túnez, también me confesó algo del segundo gol. Me dijo:

—Ese gol también lo hizo por mí, Diego.

—¿¡Cómo por usted!? ¿Por qué?

—Porque yo podría haber parado la jugada en el comienzo, cuando me reclamaron una falta. Y después, ya en su carrera, dos o tres veces, por *foul*, pero usted seguía, seguía, y yo lo acompañaba diciendo "¡Ventaja, ventaja!".

Claaaro, ley de ventaja, todo el tiempo. Así que también en eso tuvo que ver el tunecino. Y en esta no se equivocó, no se equivocó para nada. Entendió el juego. Me emocionó mucho que él no estuviera enojado conmigo, porque el tipo, en vez de acordarse del peor error de su carrera, se acuerda de que estuvo en ese partido. ¡Cómo no lo voy a querer!

Ese gol para mí tiene música. Y la música es el relato de Víctor Hugo Morales. Ese gol me lo hicieron ver y escuchar en inglés, en japonés, en alemán. Hasta, un día, me hicieron entrar con un video en el que, al final, la pelota se iba afuera. Pero el relato de Víctor Hugo es único. Por eso lo copio y lo pego acá. Porque hasta leyéndolo es como si lo estuviera escuchando. Y vuelvo a emocionarme, como la primera vez.

"La va a tocar para Diego: ahí la tiene Maradona; lo marcan dos, pisa la pelota Maradona. Arranca por la derecha el genio de fútbol mundial, y deja el tercero ¡y va a tocar para Burruchaga! Siempre Maradona... ¡Genio! ¡Genio! ¡Genio!

Ta-ta-ta-ta-ta-ta-ta... ¡Goooooolll! ¡Goooooolll! ¡Quiero llorar! ¡Dios santo! ¡Viva el fútbol! ¡Golaazo! ¡Diegooooo! ¡Maradoooona! ¡Es para llorar, perdónenme! Maradona, en una corrida memorable, en la jugada de todos los tiempos, barrilete cósmico, ¿de qué planeta viniste? Para dejar en el camino tanto inglés, para que el país sea un puño apretado, gritando por Argentina... Argentina dos; Inglaterra cero. ¡Diegol, Diegol, Diego Armando Maradona! Gracias Dios, por el fútbol, por Maradona, por estas lágrimas, por este... Argentina dos; Inglaterra cero."

Ese relato y las palabras de mi viejo, después, fueron un premio. Un premio como la Copa del Mundo. Mi viejo nunca fue de regalarme elogios o decirme "qué bien que le pegaste a la pelota" o "qué buen pase metiste". Pero después del partido contra Inglaterra, cuando nos encontramos, me dio un abrazo y me dijo: "Hijo, hoy sí que hiciste un golazo". Y me contó que se desesperaba mientras miraba la jugada, porque pensaba que no iba a patear nunca, que me iba a caer o que me iban a voltear... Entonces terminé de tomar conciencia de que lo que había hecho, eso que había hecho, seguro que había sido algo muy pero muy grande.

Tan grande que pensamos que todo se había terminado ahí. Y no, no se había terminado. ¡Iban diez minutos del segundo tiempo, nada más! Nos dormimos, nos confiamos, nos pasó eso que yo no quería que nos pasara nunca. Yo seguía haciéndome el embajador, les daba agua cuando me la traían a mí... Y los ingleses empezaron a tirar centros que caían como bombas. Mirá, mirá: Nery le saca un tiro libre a Hoddle, que le pegaba bárbaro, yo lo conocía bien.

Y también lo conocía a Barnes, todos los conocíamos a Barnes. Explicame cómo Bilardo no pone a nadie para marcarlo, ¡a nadie! Lo deja al Gringo Giusti, que tenía menos marca que yo, y lo pone al Chino Tapia por Burru, para tener más la pelota. Pero el "grone" empezó a hacer desastres por la izquierda, lo desbordaba siempre al Gringo... Y pasó lo que tenía que pasar: mandó el centro, se resbaló Nery, el Cabezón lo perdió a Lineker, que cuando tenía una te vacunaba, y Lineker nos vacunó. ¿¡Qué necesidad teníamos de sufrir, explicámela, qué necesidad!?

Ahí me di cuenta de que tenía que agarrar la pelota de nuevo, que teníamos que empezar otra vez. Y, fijate, no esperé nada: apenas salimos de la mitad de la cancha, aproveché que los ingleses estaban cebados, que se nos venían con todo, y salí haciendo la calesita, la misma o parecida a la del segundo gol. Lo busqué al Chino, que para algo lo había puesto Bilardo, y nos salió una pared bárbara. Y Tapia le pegó al arco con tantas ganas, con tantas ganas, que hasta se desgarró... Pero pegó en el palo, la puta madre.

Y volvieron a atacar los ingleses. Y siempre por allá, por la izquierda, porque veían el negocio, ahí donde Barnes se le iba a siempre a Giusti y se le iba a Enrique también, que había bajado para ayudar. Pero nada, no lo podíamos parar. Enseguida, se dio una jugada parecida, muy parecida a la del gol, fijate. El Negro Barnes desborda, tira el centro, la pelota roza en el Negro nuestro, Enrique, y se levanta, se levanta... Pasa por arriba de Pumpido y cae como un misil en el segundo palo. Y es ahí donde aparece la otra jugada de Dios, la nuca de Dios. El Vasco Olarticoechea se tira en palomita para adentro del arco, con Lineker acostado arriba de él. Y la saca, no me preguntes cómo, pero la saca...

Nos salva a todos, lo salva a Bilardo. ¿Qué se hubiera dicho del cambio que no hizo si esa pelota entraba? ¿Qué se hubiera dicho de los desbordes del Negro Barnes? Tendría que haber entrado Clausen, viejo, tendría que haber entrado Clausen, cualquiera se daba cuenta.

Por suerte, por suerte Bennaceur se apiadó de nosotros.

Y casi no dio tiempo suplementario. Fijate, ni un minuto más dio, lo terminó antes de los 46.

Yo salí corriendo como loco para el banco y en el camino me encontré justo con tipos de los que más quería: Galíndez, Tito Benrós, Molina, el Ciego Signorini. Yo me saludé con Hoddle, lo conocía, había estado con él en Tottenham. Lo más bien, ni un reproche, nada. Pero la cancha era un quilombo, los fotógrafos adentro, todos abrazándonos... El Tano Forte, de *El Gráfico*, me pidió que me besara la camiseta. Y esa foto, justo esa foto, es la tapa de mi libro *Yo soy el Diego*. Mejor imagen no podrían haber elegido. Era el momento, mi momento.

En el camino al vestuario, un inglés, creo que Hodge, no sé, me enteré después, me pidió cambiar la camiseta. Yo le dije que sí y la cambiamos. Después iba a venir alguno de ellos al vestuario a cambiar más camisetas y alguien les mandó algunas mías. Por eso, digo, de guerra, entre nosotros, nada. O casi nada.

En el control antidoping se podía haber puesto áspero, pero no pasó nada. Entramos cantando con el Negro Enrique y con el Tata Brown, y ahí estaban los tres de ellos. Me acuerdo de Butcher, porque era el más caliente de todos y era el que me había dejado el tobillo a la miseria con una patada, en el segundo gol. Con señas, se golpeó la cabeza con el dedo, primero, y después levantó el puño, como preguntándome si el primer gol lo había hecho con la mano. "Con la cabeza, papá, con la cabeza", le contesté yo, metiéndome los dedos en los rulos. Y ahí quedó, ahí quedó la cosa. Aunque sé que Butcher siguió hablando y sigue hablando todavía, como Shilton. Creo que es el único, el único. Porque con los demás me he encontrado y siempre me trataron de primera, jamás me dijeron una palabra.

Cuando volvimos al vestuario, y todos venían a saludarme y a felicitarme, el Negro Enrique dijo por primera vez la frase que quedó en la historia tanto como la mía sobre "La mano de Dios". Como si fuera hoy, veo los ojos saltones del Negro, los dientes blancos, riéndose a carcajadas: "¡Pará! Todos lo felicitan a él pero el pase se lo di yo. ¡Lo dejé solo!". Un crack, el Negro. En todo sentido. Como jugador y, como tipo, más todavía.

Y también me acuerdo de que, en el vestuario, después del partido, me daban cada beso, ¡me daban cada beso! Pero me daban besos de amor, en serio. En ese momento, sí, me sentí el mejor futbolista del mundo. Lejos. Valdano me dijo:

—Diego, ya con lo de hoy, que no le quepa la menor duda a nadie: no sos el jugador del Mundial, sos el mejor del mundo.

Había que dar ese paso, tenía que darlo. Después de los dos goles sí, sentí que a Platini, a Zico y a Rummenigge me los había lastrado con sal y pimienta.

Nos estábamos duchando y yo seguía hablándoles, a él y a Burruchaga, de la jugada. Que cuando encaré a Reid, vi que conmigo, al lado mío, corrían dos camisetas azules, las de ellos dos. "Una, la de Burruchaga y la otra eras vos", le explicaba a Valdano. "Pero vos venías más adelantado y vos, a diferencia de Burru, me la venías pidiendo. Entonces, ¿qué pasaba? Que vos me servías de distracción a mí."

Entonces, Valdano apagó la ducha de él, me apagó la ducha a mí, me dejó todo enjabonado como estaba, me miró con cara de enojado y me dijo…

—Pará, pará, pará…

—¿Qué te pasa, loco? Sí, sí, vos me servías de distracción a mí, te estoy dando las gracias. Si vos no venías por ahí, Fenwick no dudaba en ir con vos o en quedarse conmigo, para ir más directo a la pelota, ¿entendés? Fenwick te podía anticipar, por eso yo siempre tuve la pelota acá, al pie, para hacerlo dudar entre metértela a vos o en seguir como hice. Por eso Fenwick no me pudo parar, ¿entendés, Jorge?

Y Jorge dejó de ser el intelectual, el pensador, el serio: "¡¡¡Andá a la concha de tu hermana!!!", me dijo. "Me voy a la mierda, no me baño más. Me estás humillando. No es posible que hayas visto todo eso, no es posible."

Les digo, les juro que lo vi. Y les juro que, a mí, eso me sirvió, porque si no, es cierto, Fenwick me salía de una y por ahí me hacía *foul* lejos del área. Y si él me salía, yo le hacía *tac* a Valdano y quedaba mano a mano con Shilton.

Yo hice goles lindos de verdad, como el que le metí a Deportivo Pereira, de Colombia, en un amistoso con Argentinos. Un gol del que todos hablan y que no muchos vieron. Hice goles más lindos que este con los Cebollitas, también, pero ahí me veían mi viejo, mi vieja, Francis. Nadie más. Pero, claro, no con la magnitud que tuvo este. No, no, yo no soñé nunca algo así. No pude ni soñarlo.

Este gol está marcado a fuego.

Acá pueden venir los Messi, los Tevez, los Riquelme, y hacer diez goles cada uno. Mejores que ese. Pero nosotros fuimos a jugar un partido contra los ingleses después de una guerra, después de una guerra que todavía estaba muy fresca y en la que los chicos argentinos de 17 años habían ido a pelear con zapatillas Flecha, a tirarles con balines a los ingleses, que marcaban a cuántos iban a matar y a cuántos iban a dejar vivos... Y eso no se compara con nada. Y todo eso los padres se lo contaron a los hijos, y los hijos a sus hijos. Porque ya pasaron treinta años, treinta años. Y lo siguen contando.

Entonces, claro, los chicos de hoy están con la Play Station, y yo con la Play Station no quiero saber nada, no me va, porque la Play Station te hace un jugadorcito, no te hace un gran jugador. Pero lo cierto es que todavía hay chicos de 10 años que se tatúan "Maradona". Y eso, eso es una locura que sólo puede explicarse con un gol. O con dos.

Con los goles a los ingleses.

Yo creo que el momento sublime fue ese, que estoy viendo ahora, por primera vez después de tantos años: cuando el árbitro toca el pito y dice que todo termina. Que Argentina termina ganándole a Inglaterra 2 a 1, que termina y queda escrito para siempre que yo hice los dos goles, que termina y quiero llamar a Buenos Aires, otra vez, como aquella vez, para abrazarme con todos.

No recuerdo cuándo fue la primera vez que vi estos goles con mis hijas, no lo recuerdo. Sólo sé que ellas, Dalma y Gianinna, y Jana también, que lamentablemente la reconocí tarde, a los 18 años, sienten un orgullo especial por el padre, por los goles que hizo, por la carrera que hizo, y eso a mí me pone muy feliz. Como me puso feliz la primera vez que me dijeron, viendo esos goles y viendo otros: "Pa, ¿cuándo vas a volver a jugar como en los videos?".

Me preguntan por el gol de Messi a Getafe, pero… ¡¡¡por favooor!!! No, no, no, no, paren, paren, paren, que yo le hice un gol mejor que ese a Deportivo Riestra, entonces. No entremos en la estupidez del parangón idiota, porque no lo dejan tranquilo a Messi y me rompen los huevos a mí. "Porque Messi hizo el gol igual, bla, bla, bla." No me jodan, hermano, por favor. No nos jodan.

Messi puede ser más grande que yo, puede serlo, cómo no. Ahora, yo le hice los dos goles a Inglaterra que les valieron a los chicos caídos en Malvinas y a los familiares de los chicos caídos en Malvinas. Les di un respiro, les di un consuelo, y eso no lo va a poder hacer nadie más… Nadie más. Porque no va a haber otra guerra, porque no puede volver a haber otra guerra, porque eso querría decir que volvió un Galtieri y nadie quiere que vuelva un Galtieri.

Es imposible, imposible. Es posible que haya un gol más lindo, sí… Pero no creo, je.

Aquello fue algo único… No se puede poner en palabras. No se puede escribir, no se puede decir. No sé si, como muchos dicen, une el talento y la trampa de los argentinos. No lo sé y no me importa. Pero sí sé una cosa, y la tengo bien clarita, se enoje quien se enoje. Si yo fuera uno cualquiera, uno de Villa Fiorito, diría: "Cómo me hubiese gustado hacerle un gol con la mano a Inglaterra y un súper gol". Si fuera cualquiera, un argentino de Villa Fiorito, juro que pensaría así.

Capítulo VIII

Maradona versus Maradona

ARGENTINA 2, BÉLGICA 0
MÉXICO DF, MIÉRCOLES 25 DE JUNIO

No, por favor, no. No me vengan a comparar el gol a los ingleses con los goles a Bélgica. Se lo dije a mi hermano, que fue el primero en compararlo, y a todos: no me digan que ese gol es mejor que el que les hice a los ingleses. El gol contra los belgas es lindo, pero es un gol que podés hacer en cualquier partido. Arrancás por potencia de piernas, con eso desequilibrás al marcador y después la clavás en el segundo palo. Yo estaba demasiado rápido, demasiado, y no necesitaba ni siquiera simular una falta, porque los mataba a todos con la velocidad que tenía. Por eso, no hay secretos en ese gol, en esos goles. O sí, uno solo: a esa altura del Mundial, cuando llegó la hora de jugar la semifinal, nos sentíamos invencibles. Y no sabíamos, en ese momento, que estábamos jugando contra la mejor Bélgica de la historia. Pero con los otros, nada que ver. Nada que ver.

Veníamos en alza

Nos hicieron un partidazo, hay que decirlo. Y ¿saben qué?, quieren jugarlo de nuevo. En serio, hace poco me llamaron porque quieren celebrar aquello, treinta años después, con un amistoso. A mí me encantaría, porque me pareció un equipo fantástico. Y porque estoy muy agradecido por lo que el técnico, Guy Thys, dijo en aquel momento: "Si nosotros teníamos a Maradona, ganábamos 2 a 0". En ese partido fui decisivo, me gané a mí mismo, aunque no hice un gol más lindo que contra Inglaterra y aunque no jugué mejor que contra Uruguay, que esa sí fue mi mejor actuación en todo el Mundial.

También me gané a mí mismo porque, después de pelearla mucho, logré instalar la idea de que no éramos un rival fácil. Les dije a los muchachos: "Vamos a salir bien enchufados, ¿eh? Miren que estos belgas no son ningunos giles. Por algo llegaron hasta las semifinales. Tenemos que comerles el hígado desde el primer minuto. Si creemos que ya les ganamos, estos te la mandan a guardar, como hicieron con los soviéticos...".

Los tipos habían llegado hasta ahí haciéndose los distraídos. Cuando les preguntaban, decían: "Nosotros no tenemos nada que perder". Y, sí, sólo habían perdido contra México, en el debut. Después le ganaron sin despeinarse y sin mostrar mucho a Irak, creo, y empataron contra el Paraguay de Romerito y Cabañas, que les hizo dos goles. En octavos de final, jugaron un partidazo contra Unión Soviética, le ganaron 4 a 3, aunque si mal no recuerdo el referí les metió la mano en el bolso a los soviéticos. Ahí hizo un gol Scifo, que en una encuesta había dicho que el fracaso del Mundial íbamos a ser nosotros. La rompió el grandote Ceulemans, que se juntaba bien con Nico Claesen, que a mí me encantaba.

Para cruzarse con nosotros, bajaron a España, que venía de meterle cinco, ¡cinco! a Dinamarca, con un Butragueño impresionante. El Buitre tenía esa cara de nene bueno, de alumno que hace todos los deberes, pero en la cancha te mataba. No te perdonaba una, como no lo perdonó a Olsen, que se equivocó en una salida. De los cinco, cuatro habían sido de él.

La verdad, por juego, nuestro rival tendría que haber sido España, que tenía a Camacho en la defensa... ¡Cómo no acordarme de Camacho, si en mi paso por el Barça me dejó la firma en todo el cuerpo! Por eso, cuando ahora hablan de marca, de juego violento, me encantaría que vieran los videos de lo que eran aquellos clásicos contra el Madrid. ¡Mamita, cómo pegaba! Hay una final de la Copa del Rey en la que hasta una patada en el culo me pegaron. Igual, esa España del viejo Muñoz intentaba jugar más que pegar. Y el que zafó lindo en México fue Calderé. De su caso me iba a acordar algunos años después, en Estados Unidos.

Resulta que después del partido contra Irlanda del Norte, que España ganó pero le costó, dio positivo por... ¡efedrina! Dijeron que le habían dado un remedio para la bronquitis, que había tenido la misma cagadera que Passarella y algún cabeza de termo dijo que se había dopado.

La verdad es que la diferencia entre él y yo fue que, en su caso, hubo un médico que se hizo cargo. La federación española tuvo que pagar una multa y listo, Calderé siguió jugando como si nada. En cambio, a mí me soltaron la mano, empezando por Grondona y siguiendo con el doctor Ugalde.

Calderé fue titular en el partido contra los belgas, que terminó 1 a 1 en el alargue, con Pfaff de figura. La volvió a meter Ceulemans y fueron a los penales. Ahí Pfaff atajó uno y pasaron. Era cuestión nuestra no dejarlos seguir y para eso teníamos que ponernos las pilas, las pilas en serio.

En el Mundial de Brasil, cuando a la Selección le tocó jugar justo contra Bélgica para pasar la famosa barrera de los cuartos de final, muchos me preguntaron si se me vino a la cabeza aquel partido. Y no, la verdad que no. Primero, porque lo nuestro era una semifinal. Y segundo, porque me parece que las cosas se planteaban distinto. Ahí, en Brasil, los había visto contra Estados Unidos. Tenían un medio campo peleador y jugador. Peleaban y jugaban con Witsel, el 5. Después, tenían a Fellaini, a Mertens, a Hazard, que a mí me gusta mucho. Eran combativos y se veía que era un equipo que estaba laburado. Yo veía que Wilmots hacía así y el equipo se replegaba, hacía así y el equipo achicaba. Se notaba que tenían buen juego. Podía sacar a la Argentina, claro, pero la Argentina se tenía que despertar.

Nosotros, en cambio, veníamos en alza, veníamos para arriba.

Ese partido de la Selección contra Bélgica en Brasil, me parece, fue la confirmación de todo lo que yo pensaba de Mascherano. ¡Y pensar que se reían cuando yo decía Mascherano más diez! Por favor, un monstruo Masche. Creo que él y Messi dejaron bien alto el nombre de Argentina, ellos dos más que nadie. Pero lo de Masche esa tarde fue infernal. Me acuerdo de la imagen, chiquito plantado frente a Fellaini y Witsel. Un gigante.

Nuestro partido contra Bélgica, en cambio, si seguíamos haciendo las cosas bien, si no nos dormíamos, nos ponía en la final. Y arrancamos, despiertos, pero enseguida nos dormimos.

La mejor Bélgica de la historia

Lo vuelvo a ver y lo vuelvo a ver clarito. Se pararon con un tipo de líbero, Renquin, y adelante de él tres tipos, Gerets, Demol y Vervoort. Grun colaboraba con ellos y, de ahí para arriba, trataban de jugar con Vercauteren, con Veyt, para rematarte con Claesen y con Ceulemans. Yo seguía caliente con Scifo, por eso de que íbamos a ser el fracaso.

A mí no me pusieron a nadie encima, creo que por primera vez. En los primeros cinco minutos metí un par de toques, tiré una rabona y me mandé un par de amagues. Y, apenas pude, le sacudí los rulos a Pfaff. Me la sacó del ángulo y, en el rebote, Valdano la metió con la mano.

No sé si fue eso, que arrancamos bien, o qué, pero a partir de ahí, diez minutos, nos fuimos a dormir la siesta. Era el primer partido que jugábamos en el Azteca y yo no quería que fuera el último, ¡no quería que fuera el último...!

En esa época no había cámaras hasta en el baño como ahora. Menos mal, porque se hubiera armado un lindo quilombo con lo que pasó camino al vestuario, después de bajar la famosa rampa que hay atrás del arco. Hicimos una reunión ahí mismo, porque yo sentí que nos estábamos dejando arrasar. Los habíamos dejado agrandar al pedo, más allá de que fueran la mejor Bélgica de la historia. Lo agarré a Ruggeri y le dije: "Cabezón, pegá un par de gritos en el fondo porque la cosa no es así, ¡no es así!".

Y en el segundo tiempo fuimos otro equipo, con otra actitud. Cuando gritábamos Ruggeri, Valdano y yo, se cagaban todos. Los nuestros y los demás. Pero me tenía que hacer cargo, más que nunca me tenía que hacer cargo de la situación. Tenía que salir a ganar el partido solo, ganarlo. Pero eran mis compañeros los que me ayudaban a ser figura.

Y a los seis minutos del segundo tiempo, empecé a ganarlo.

Directo al área

Estábamos medio metidos atrás, pero no nos llegaban. Y eso nos daba espacios. En una, salimos desde el fondo, la trajo el Negro Enrique y jugó con Burru, tirado de la derecha al medio. Le marqué el pase y piqué al área. Burru metió uno de esos pases que ahora le dicen filtrado, de cachetada. El mérito de él fue enorme, enorme. Entré como si fuera un ocho, en diagonal hacia afuera, y justo, justo, en el momento en el que me cerraban dos (ahora los veo, son Veyt y Demol) y Pfaff salía como loco, yo también le pegué de cachetada, de zurda, por arriba. El secreto de ese gol es ganarles la carrera a los dos defensores. Yo lo vi venir a Pfaff, que quería achicar, y se la toqué por arriba.

Había, habíamos, mejor dicho, abierto el camino. Era cuestión de seguir por ahí. No fue fácil igual. La pelota la seguían teniendo más ellos, pero jugaban mucho a lo ancho. Yo seguía un poco aislado y tenía que aprovechar la que pudiera, cuando la tuviera. Me di el gusto de meterle un sombrerito a Scifo, que me hizo *foul*, y seguí. El referí, un mexicano, Márquez, me paró cuando me iba derechito al arco, otra vez. Tendría que haber dado ley de ventaja, el muy turro. Pero esa era la fórmula: encarar, encarar. En el uno a uno no me podían parar.

Enseguida zafé de un guadañazo y lo dejé solo al Vasco, que se mandaba mucho por la izquierda. Y a los dos minutos, por derecha, la empalé para la llegada de Enrique. En el medio, me habían bajado feo cuando empezaba a despegar desde la mitad de la cancha, pero el mexicano no cobró nada. Por la izquierda, por la derecha, por el medio. Esos minutos fueron los mejores y el Vasco tuvo otra, que Pfaff sacó contra el pelo. El segundo estaba al caer, al caer...

Y cayó.

La sacaron larga los belgas desde el fondo, derecho al pecho de Cucciuffo, que se anticipó al delantero que tenía que marcar. Y ahí arrancó Cucciuffo, un caradura, con el pecho inflado. Ya estaba definido como *stopper* por la izquierda y encaró derecho hacia Pfaff, con la pelota dominada. Pasó la mitad de la cancha a mil, me la dio a mí que estaba justo al medio, y siguió, a buscar la descarga. Un caradura, ¿no te digo? Y yo lo usé. Por eso digo: el partido lo gané yo, sí, pero con la ayuda de ellos, porque la distracción es una ayuda.

¿Por qué lo usé? Porque los defensores siempre pensaron que yo se la iba a devolver, al claro, y nunca lo hice. La enganché contra Grun y encaré en diagonal, desde el medio hacia la izquierda, pero directo al área. Cucciuffo seguía corriendo a mi izquierda, abriéndome la cancha y los belgas quedaron todos a mi derecha.

El secreto de este gol es la potencia de piernas. Estaba tan rápido con la pelota, tan rápido, que cuando el pobre Gerets llegó para trabarme, yo ya había pateado. Y otra vez Pfaff había salido apurado, siempre tuve su buzo amarillo como referencia.

Si en el primero le había pegado de cachetada con la zurda al palo derecho del arquero, en este fue exactamente al revés, pero siempre con la zurda: me llené el pie y la clavé en el palo izquierdo.

Ahí, en ese gol, hay un detalle, que el Zurdo López vio y que me quiso explicar después, en la concentración. Él decía que yo sacaba la lengua, cuando jugaba, por dos cosas: porque me daba placer y porque me ayudaba al equilibrio. Si vos ves, en ese gol, yo siempre estoy como inclinado para la izquierda, pero nunca me caigo, ni cuando salí como loco a festejarlo, con el puño apretado, porque sabía que había pegado en el momento justo. Desde ese momento, el Zurdo siempre me decía: "Diego, acordate de sacar la lengua, no te olvides de sacar la lengua…". Pero yo esas cosas ni las pensaba. Me salían.

Lo que sí pensé, no sé por qué, cuando hice los goles, fue en mi vieja, en la Tota, en lo feliz que debía estar por eso. Y cuando volví a la mitad de la cancha, después de abrazarme con el Vasco, que fue el primero que llegó, miré hacia la platea donde sabía que estaba mi viejo, don Diego, y lo saludé con el puño cerrado.

Pensé en ellos como se piensa en la gente que siempre creyó en vos, no en los panqueques. Y ese era el momento. Ahí ya se habían subido todos al carro y no me gustaba nada eso, me daba un miedo bárbaro. Después de tanta contra, era muy fácil relajarse, dejarse estar, dormirse en los laureles... La más fácil. Y nosotros no éramos un grupo de cosas fáciles. Ya le habíamos tomado demasiado el gusto a eso de tener todo en contra, de luchar contra todos. Lo necesitábamos para disfrutar más. Y estábamos disfrutando como locos. Ganando, disfrutábamos como locos.

Héroes

Le habíamos hecho dos a Bélgica. ¡Yo quería hacerles mil! No por ellos, sino por todos los demás, por los que nos habían matado sin piedad.

A esa altura, la Alemania de Rummenigge estaba eliminando a la Francia de Platini y el Brasil de Zico ya estaba en Copacabana. Me quedaba un partido para demostrar lo que sentía, que era el mejor. Me tenía una confianza bárbara como para ganarle a cualquiera. A Platini o a Rummenigge, que era un señor, un señor con todas las letras. Pero más me importaba que nos quedaba un partido para demostrar que éramos los mejores y como equipo habíamos crecido un montón. ¡Lo que terminaron jugando Batista y Burruchaga en ese partido, por Dios!

Tan bien terminamos, tan bien, que le dimos el gusto de jugar al Bocha, a Bochini. Faltando cinco minutos entró por Burru, justamente. Para mí fue muy especial: todo el mundo sabe que fue mi ídolo de pibe, me encantaba como jugaba. Fue la joya más grande que yo vi en una cancha. Y para él, aunque después dijo que no se sentía campeón, fue un premio haber entrado. Después lo entendió, me parece. Está un poco loco, el Bocha, pero es un grande de la historia. Un grande. Y todos salimos en la película de los campeones, todos. Desde el primero hasta el último, el que no jugó ni un minuto. Hasta Passarella aparece, aunque no se lo merezca. Y si la película oficial del Mundial se llama *Héroes*, a esa altura nosotros ya habíamos demostrado que éramos eso, héroes.

Me acuerdo de que en un momento, en pleno Mundial, a los tanos de la RAI se les ocurrió hacer un programa especial, de esos que hacían ellos, mezclando música, famosos, futbolistas. En pleno Mundial. Y nos pidieron, a mí, a Platini, creo que a Rummenigge también, que eligiéramos un cantante para invitar. Creo que él eligió a una francesa, no me acuerdo cómo se llamaba, y yo elegí a Valeria Lynch. Llevaron a Piazzolla, también. Cuando los tanos armaban algo, no se andaban con chiquitas.

La cosa es que me esperaban a mí también, pero nadie me había avisado y me parecía una locura, en pleno Mundial. Yo tenía la cabeza puesta en jugar y en nada más que jugar. Cuando apareció un auto en la concentración para llevarme, yo les dije que ni loco, que nadie me había avisado que tenía que ir... Entonces, los tanos la resolvieron bien. Hicieron el programa, Valeria cantó y después, con el permiso de todos, la trajeron a la concentración. Yo le dije que ella era mi ídola y ella me dijo lo mismo.

Es el día de hoy que se me pone la piel de pollo (de pollo, nunca de gallina) cada vez que escucho el tema de Valeria Lynch, ese que dice "más, me das cada día más" y aparezco haciendo flexiones, en cámara lenta... Yo quería darles más, cada día más a los argentinos. Y en ese Mundial lo estaba logrando. Me faltaba, nos faltaba, un pasito. Nada más, nada menos.

Capítulo IX

Sí, campeones del mundo

ARGENTINA 3, ALEMANIA 2
MÉXICO DF, DOMINGO 29 DE JUNIO

Cuando Claudia viajó a Buenos Aires a tener a Dalma conocí lo que era estar nervioso. Pero aquella noche, la noche previa a la final contra Alemania, no podía dormir. Nunca me había pasado antes y nunca más me pasó después: a mí el fútbol nunca me puso nervioso... ¿Por qué iba a estar nervioso si yo sabía lo que tenía que hacer? En el fútbol, la cosa es fácil: o te la quita el rival o la gambeteás. Y hace treinta años yo estaba convencido de que no había un solo rival que me pudiera sacar la pelota.

Pero igual no me podía dormir. No había manera...

Daba vueltas y vueltas en el catre, nos mirábamos con Pedro, salíamos a caminar. Salíamos y lo encontrábamos a Valdano, que estaba igual, allá en La Isla, donde el único que dormía como un angelito era Trobbiani. ¡Qué turro, ¿cómo hacía para dormir?! No sé.

Valdano, con esas palabras que tenía, decía que era el miedo, el miedo escénico, lo que no nos dejaba dormir. Pero yo no tenía miedo. Yo tenía ganas de que el partido empezara ya, empezara lo antes posible. Y no quería cansarme esperando.

O caminando. Habíamos esperado tanto ese momento, habíamos luchado tanto para llegar ahí… No, no era miedo a perder. Era miedo a que la hora de jugar no llegara nunca. Por lo menos para mí. Encima, no sé por qué, el día previo, el sábado 28, la concentración había sido un quilombo. Bilardo había dejado pasar a todos los argentinos que estaban en México.

Mi viejo lo sabía

El jueves habíamos recibido a los periodistas. No eran tiempos de salas de prensa ni nada, así que, cuando vi venir el malón, con las cámaras y todo eso, salí corriendo para las canchas de entrenamiento. Muchos pensaron que me estaba escapando, pero no: llegué al alambrado, que tenía un poquito menos de mi altura, hasta el cuello me llegaba, me colgué y salté para el otro lado. Entonces sí, les dije que vinieran. Y así atendí a todos: yo del lado de adentro de la cancha y los periodistas de afuera. Una hora me quedé charlando. Estaba feliz, feliz… No podía parar de reírme, me reía todo el tiempo. Y ni siquiera me enojé cuando algún cabeza de termo, que siempre hay, me preguntó si tiraba besos a la tribuna para conquistar a los mexicanos. ¿¡Qué mexicanos!?

—Yo no soy falso, no tiro besitos a la tribuna para ganarme a la gente, ni a los mexicanos ni a nadie —respondí—. A ellos los respeto, como respeto a todo el mundo, que griten por los que quieran gritar. Pero los besos son para mi viejo, que ve los partidos desde allá arriba, desde el palco. Y te aseguro que si tiro un beso es porque lo siento…

Mi viejo, mirá vos, fue uno de los que me había dicho que el equipo que más le gustaba era Alemania. Pero no en ese momento, cuando faltaban tres días para la final… ¡Me lo había dicho antes del Mundial! Un sabio, mi viejo, un sabio. Eso me daba vueltas por la cabeza, mientras esperábamos el partido.

Por eso, cualquier cosa que pudiéramos hacer para distraernos, nos venía bien. El viernes, por ejemplo, cuarenta y ocho horas antes de la final, teníamos que cumplir con la cábala y nos fuimos a Perisur, lo mismo que habíamos hecho antes del debut, y siempre, dos días antes de cada uno de los seis partidos. A la tardecita, después de las seis, el ómnibus de siempre, con los dos motociclistas de siempre, Tobías y Jesús al frente, pero también con siete coches de seguridad atrás, encaró para el portón de salida del América. Cuando se abrió, lo juro, no lo podía creer: había más gente que en el Azteca. Creo que ahí me terminé de dar cuenta de lo que habíamos provocado. Claro, al principio no se armaba tanto lío, éramos un equipo en el que nadie confiaba… Ahora éramos los finalistas, ¡los finalistas del Mundial! Y allá habíamos ido, entonces, todos en el ómnibus, como si fuéramos al estadio, con custodia y todo.

¡El quilombo que se armó! Yo terminé encerrado en la heladería a la que íbamos siempre, Helen's, me acuerdo, con el Loco Galíndez, después de recorrer todo el shopping al trote, con la camiseta italiana de Salvatore Bagni puesta. Esa también era una cábala. Nos quedamos dos horas. A eso de las ocho de la noche empezamos a pegar la vuelta, creo que firmé más autógrafos que en toda mi carrera en Nápoles. Hasta el Negro Molina, el masajista, firmó autógrafos… Y otra vez a encerrarnos, a meternos en esa piecita con Pedro, que ya era nuestra casa. La habíamos decorado, le íbamos colgando fotos, los títulos de los diarios. Claro, estábamos viviendo ahí desde el 5 de mayo y ya era el 29 de junio, el domingo 29 de junio.

El segundo puesto no existe

Creo que nunca me alegré tanto de estar despierto a las siete y media de la mañana. A esa hora, yo duermo como un guacho, pero ese era un día diferente. A esa hora, ya me lo imaginaba al Negrito Benrós armando todo en el vestuario del Azteca. Mis botines, los Puma King, que me los entregaba lustrosos, lustrosos... Yo no sé cómo hacía para dejármelos siempre como nuevos.

—¿Qué betún le ponés, Negro? Dale, contame, así cuando vuelva a Nápoles y vos no estés me siguen quedando así...

Y el Negro, nada. Después me enteré, porque él lo contó en un libro, que lo que usaba era una crema de silicona mezclada con kerosene, un mejunje que se usaba para las monturas de los caballos.

Y yo, la verdad, estaba hecho un potro.

Igual que el día del partido contra Inglaterra, igual, estábamos todos listos para salir, al pie del ómnibus, media hora antes de la hora prevista. Teníamos que salir a las nueve y media para el Azteca, que quedaba a diez minutos, pero a las nueve todos nos moríamos por encarar para el estadio. A esa hora ya hacía un calor terrible y el partido se jugaba al mediodía, hijos de puta... Igual, creo que era peor para los alemanes.

A la cancha fuimos cantando. Como siempre, los que empezamos con los cantitos fuimos los rebeldes del medio, con Islas, con Almirón, con el Chino Tapia... Llegamos y nos metimos en el vestuario como si fuera nuestra casa. Ya habíamos jugado ahí contra los ingleses por los cuartos de final, y contra los belgas la semi. Ya sabíamos dónde Cucciuffo tenía que poner la Virgen de Luján, dónde se sentaba cada uno, que Nery tenía que ir a sentarse un ratito atrás del arco donde yo había hecho los goles...

Todo. El Azteca era nuestra casa, aunque ese día no nos iba a recibir tan bien. Yo dije, en su momento, "Latinoamericanismo las pelotas" porque me pareció desubicado que gritaran por Alemania, que era una potencia europea. Otra cosa era que gritaran por los coreanos, pero ¿¡por los alemanes!? Qué sé yo, ya pasó, ya pasó... Tal vez nos sirvió. No era cuestión de confiarse, de creernos nosotros los mejores ahora que todos los panqueques pensaban que lo éramos.

Por eso, antes de salir, les dije lo que les dije, lo que sentía en el alma: "Muchachos, hicimos mucho, pero no va a servir de nada si no ganamos. El segundo puesto no existe, no existe... Pensemos en todo, muchachos. En nuestras familias primero; en nuestros amigos; en los que nos bancaron cuando nadie nos bancaba y nos vieron sufrir como perros... Y pensemos también en los que están esperando que nos vaya mal para crucificarnos... Vamos, ¿eh?, ¡vaaaaaamos, carajo!".

Había 115.000 personas en el estadio Azteca. ¡115.000! Y nosotros habíamos llegado hasta ahí invictos, contra los pronósticos de todos los contras. Cinco triunfos, cada vez mejor, y un solo empate. Nunca tuvimos que jugar suplementario, nada. En los noventa habíamos liquidado a todos, en fila. A los coreanos, a los italianos, a los búlgaros, a los uruguayos, a los ingleses, a los belgas... No fue poca cosa: le estábamos ganando a la historia, viejo, a la historia. Italia, un clásico europeo, en el camino. Uruguay, el clásico del Río de la Plata, en el camino. Inglaterra, un clásico de todos los clásicos, con el tema de Malvinas encima, en el camino. Sólo nos faltó que se nos cruzara Brasil. Pero no, los brasileños les habían jugado un partidazo a los franceses del pecho frío de Platini, y terminaron perdiendo por penales. Zico, que supuestamente había ido a competir conmigo por la corona, no pudo hacer un buen Mundial; nunca estuvo a pleno físicamente y se le notó. Sócrates y Junior aguantaron un poco los trapos, pero no fue el mismo equipo de Telê Santana de cuatro años antes.

Y a Francia, después, en la semifinal, se la comió Alemania. Se la comió porque Platini, que tenía que aparecer en ese momento y no apareció, se dejó comer por la marca de Rolff. Después, como yo siempre digo, a los alemanes les tenés que dar diez tiros para matarlos, porque te empuja Briegel desde atrás, te la engancha Magath en el medio, te juega Matthäus y te la mete cualquiera, Brehme o Völler, como hicieron contra los franceses.

Y ahí los teníamos, otra vez, a los alemanes. Ojo, les sobraba experiencia. Venían de ser finalistas en España 82, lo tenían a Beckenbauer en el banco, que de finales sabía mucho... Y enfrente estábamos nosotros, una banda de rebeldes. Una banda de rebeldes enojados por las críticas y felices por ser así. De los 22, sólo cinco habíamos estado en Mundiales y uno, el Káiser, lo miraba desde la tribuna. Después, estábamos Nery, el Vasco, Valdano y yo. Y nosotros sí íbamos a ser titulares.

Por cuarta vez, desde el partido contra los ingleses, repetíamos la formación. Ahí sí se podía hablar de líbero, de *stoppers*, de laterales volantes... Pero no habíamos empezado así, no habíamos empezado así. Todos se acuerdan de la formación de la final, ¿cómo no me la voy a acordar yo?

Nery; el Tata de líbero; Cuchu y el Cabezón de *stoppers*; el Gringo, lateral volante por la derecha, y el Vasco, lateral volante por la izquierda; el Checho en el centro del campo, más atrás; el Negro, de la derecha al medio; Burru, del medio a la izquierda; Jorge, arriba; y yo, suelto, por donde quisiera.

Ellos, con Schumacher en el arco. Brehme, que cuatro

años después nos iba a vacunar con el penal inventado por Codesal; Förster y Jakobs de centrales; el animal de Briegel por la izquierda; en el medio, Berthold, Matthäus, Eder y Magath, que se supone iba a manejar la pelota; y arriba, Allofs y Rummenigge.

Con todo en contra

Caminamos por la explanada que subía desde los vestuarios hacia la cancha por detrás del arco como si fuera el camino a casa. Yo, encabezando la fila. Y Burru, cerrándola. Siempre entrábamos así. Siempre. Antes, ya habíamos hecho todo ese circo con el Tata Brown, el que habíamos inventado contra Bulgaria, como un siglo antes. Los alemanes, serios como son ellos, nos miraban como si estuviéramos locos. Pero ni mosqueaban. Le dije al Tata: "Con estos no hay caso, viejo... Estos no se asustan con nada".

A Brown ya lo había agarrado en el vestuario, pero hablándole en serio: "Tata, sos el mejor líbero del mundo, ¿entendés? El mejor del mundo... No te ponían de titular en Deportivo Español, pero acá no hay ninguno como vos, ninguno. Te los vas comer a los alemanes, ¿me entendés?". Y le di un beso en la cabeza. Y después, en joda, le pregunté: "Pero, ¿quién te corta el pelo, hijo de puta?".

Cuando nos plantamos en la mitad de la cancha, para cantar los himnos, ya estábamos serios, concentradísimos. El Himno me llegó como siempre: a mí el Himno me llena el alma, me infla el pecho. Siento que la cinta de capitán se me va a reventar en el brazo, aprieto el banderín... Y pienso en todo, en todo. En Villa Fiorito. Pienso en el lugar donde nací y el lugar donde llegué. En eso pienso, y hablo en presente, cuando escucho el Himno.

Estábamos ahí para jugar la final del mundo, abajo de esa araña gigante que todos se deben acordar, porque nos hacía sombra. Era una cámara de la tele, no sé qué... Pero parecía una araña pintada en el césped.

Apenas terminó el Himno, con el Tata empezamos a gritar. Nos agachábamos así, para adelante, y nos gritábamos entre todos. "¡Vaaaaaamos, eh, vaaaaaamos...!" Éramos once locos dispuestos a ir a la guerra. Si era en territorio hostil, mejor. Y al minuto, nomás, me di cuenta de que sí, que iba a ser en territorio hostil. Recibo un pase, se me va la pelota, y bajan los silbidos, enseguida... ¿Ah, sí? ¿Todos en contra? ¡Ya van a ver, ya van a ver!

Ojo, era casi todos en contra, porque había argentinos. Y tanos, también. Bueno, napolitanos. De golpe, todos se habían hecho hinchas nuestros y llegaron aviones de todos lados. De la Argentina mandaron chárters, ¡chárters! Hasta gente del Gobierno había ido... Sí, los mismos que querían rajar a Bilardo y que yo había frenado.

A los tres minutos, me hacen el primer *foul*. Y enseguida me di cuenta de que lo iba a tener a Matthäus encima. Ojo, no era una marca personal común. No era Rolff, el que le habían mandado encima a Platini. No, este sabía jugar. Lothar tenía un físico tremendo, pero no grandote. Rapidito, era muy vivo para marcar y, si te sacaba la pelota, se la daba redondita a un compañero. Podía ser un diez, un ocho, y fijate que terminó su carrera jugando de líbero. Un crack, Lothar. Y un amigo, también. Pero aquella tarde era mi enemigo, mi principal enemigo.

Cuando vi cómo venía la mano, me lo llevé a pasear por la derecha. Si no era yo el que hiciera el gol, que lo hiciera otro. No me importaba hacer o no hacer un gol; lo que quería era que el equipo lo hiciera. Se me ocurrió llevármelo para un costado pensando más en el equipo que en mi lucimiento personal. En el arranque, él, que es muy vivo, no me seguía cuando yo me abría mucho. Pero Beckenbauer picó y le pegó un par de gritos, para que me empezara a seguir por todos lados.

Vuelvo a ver el partido, por primera vez después de treinta años, y me doy cuenta eso de que me pegaron por todos lados; pero en la memoria, no. En la memoria, no. Es tal cual como lo recuerdo, puedo ir minuto por minuto, aunque me dan ganas de adelantar y llegar a ese penal que el guacho de Arppi Filho no me dio. Arppi Filho, justo: el mismo referí que nos había dirigido un año antes, en junio del '85, en el partido contra Perú, cuando nos clasificamos justo, justo.

Pero, vamos por partes… Vamos al partido, que no es un partido cualquiera. Es la final del Mundial.

La pelota tiene que ser nuestra

A los cinco minutos les dejamos claro a los alemanes que éramos nosotros los que íbamos a imponer las condiciones. El Vasco —qué fenómeno el Vasco, qué monstruo de jugador— aprieta por la izquierda y fuerza un córner. Del córner viene un barullo en el área y el Checho se lo pierde, con Schumacher medio perdido. Ya empezaba a hacer cagadas, Schumacher. Había que atacarlo. Por arriba, por abajo. Había que atacarlo.

Pero también había que defender y ahí estoy yo, para pelearla también en el fondo. Yo fui un obrero, también, eh. No fui un fiolo. Si había que correr para recuperar, yo corría para recuperar. Encima ellos habían metido a Berthold, que estaba en el Verona y después jugó en la Roma, para tener más juego. Porque con Matthäus marcándome a mí, jugaban con uno menos. Pero nosotros no, nosotros no jugábamos con uno menos.

Teníamos, sí, otro partido aparte ahí. El de Valdano contra Briegel, Briegel contra Valdano. Briegel era un triatlonista, un fisicoculturista, qué sé yo qué era. Tenía las venas como salchichas y los gemelos eran anchos como mi pecho... Cuarto de hora, más o menos, y se nos vino ese tractor. Jorge no lo pudo parar y el Tata va al piso en la puerta del área. No es *foul*, ¡no es *foul*! Pero el brasileño se lo da. Patean el tiro libre, y como nosotros habíamos visto que contra Francia lo hacían bien a dos toques, le salimos al cruce. Para Arppi nos adelantamos y lo hace patear de nuevo. Le protesto y el tipo me amonesta, ¡me amonesta! Quince minutos iban, el brasileño ya me había marcado, me había marcado más que Matthäus. Del segundo tiro libre, la pelota me rebota a mí, que salí de nuevo a achicar...

Otra vez la rabia: ¿ah, sí? ¿Nos ponen todo en contra? Ya van a ver, ya van a ver. Me voy por la derecha, donde había sacado a pasear a Lothar y se la doy de taco a Cuchu. Lo bajan a él y Matthäus me cruza el brazo en la cara a mí, así que tiro libre para nosotros y amarilla para el alemán. Ahí tenés, brasileño, ahí tenés. No te quedó otra.

Tiro libre desde la derecha, le pega Burru, para que la pelota haga la comba hacia afuera, para que se aleje del arquero. Encima, Schumacher, que ya se veía que estaba con los rulos volados, sale a cualquier parte... La pelota va derechito a la cabeza... ¿de quién? ¿De los grandotes que siempre entraban por ahí, el Cabezón o Valdano? ¿Del Tata Brown? Noooooo, derechito a mi cabeza va la pelota, a la mía. Era gol mío el de Brown; era mío. Fijate, miralo. Pero el Tata me tira al diablo, me hace *foul* a mí. Se apoya, me lleva puesto y le clava el frentazo él. Bien, bien por él. Se lo merecía más que yo, ¡se lo merecía más que nadie, el Tata! Sin club, la rompió. Yo por ahí la peinaba y la tiraba afuera, andá a saber.

La cosa es que a los veinte minutos estamos ganando 1 a 0. Y ellos con uno menos, je, porque Matthäus no juega. Y nosotros con uno más, porque Burru es Burruchaga, viejo, Burruchaga. Mi lugarteniente, el tipo que tenía que agarrar la pelota cuando no la agarraba yo. Y eso hizo Jorge. Fue, como todos, creciendo a medida que avanzaba el Mundial. Y en el séptimo partido, era una maravilla.

Los alemanes empiezan a tirar centros, como bombas. Pero en el fondo está el Cabezón Ruggeri, que las saca todas, y los tipos caen en *off side* todo el tiempo.

A los veinticinco minutos, por ahí, tengo un tiro libre que, ahora que lo veo, tendría que haber pateado de otra manera. Me pararía más cerca de la pelota y le daría más altura por arriba de la barrera, en vez de patear al palo de Schumacher, como hice y me la sacó. Por esto, entre otras cosas, digo que en el '90 estaba mejor que en el '86. Son cuatro años más de experiencia. Para patear también…

En ese rato del partido, nosotros vamos encontrando cada vez más espacios. Hasta el Checho llega. Le pega con el diario, pero llega. En uno de los rechazos desde el área, la agarro un poquito más allá de la media luna y arranco, como me gustaba arrancar en ese Mundial. Paso a uno, paso a dos y el tercero me baja. Creo que fue Jakobs. Y Arppi no sólo no lo amonesta —era para amonestarlo—, sino que viene corriendo y me pisa, el muy boludo.

A la media hora, tenemos un par de llegadas más. En una, tiro una doble pared con el Gringo Giusti, que me la da de taco… Sí, ¡de taco el Gringo Giusti! Schumacher me salió con los pies, me rebotó y casi entra.

Así termina el primer tiempo. Ellos tuvieron un par de llegadas, nada más. La pelotita la tenemos que tener nosotros. La pelotita tiene que ser nuestra. Igual, ellos no llegaron. Cucciuffo se lo comió a Allofs y obligó a sacarlo. Y

Rummenigge se la pasó protestando contra Nery, porque decía que hacía tiempo... Veo eso de pasarle la pelota atrás, al arquero, y me parece mentira.

Para el segundo tiempo, nosotros no cambiamos nada. Pero teníamos que estar atentos. En el primer tiro libre de ellos, algo que había funcionado bien sale horrible: queda enganchado el Gringo y el Tata se tiene que jugar la vida para ganarle a Völler, que había entrado por Allofs. Y se la juega: le quedó el hombro a la miseria y, a partir de esa jugada, no puede estirar el brazo. La camiseta tenía agujeritos, estaba buenísima, pero a la del Tata le tienen que hacer un agujero más grande, para que enganche el dedo gordo y sostenga el brazo medio encogido. Así se bancó todo el segundo tiempo. Un crack, en serio.

Seguíamos jugando contra varias cosas y esa se sumaba. Llegamos una vez, con Burru, y enseguida cae el segundo gol. Un golazo que muestra mejor que nada cómo jugaba Valdano: arranca de cuatro, porque ahí estaba, marcando en un tiro libre de ellos, y empieza a correr en diagonal. En el camino, me encuentro con la pelota, porque un alemán se le tira a los pies y se la puntea a Jorge. Parece un pase de él, pero me la da el alemán. Yo la hago correr más a la izquierda, para el Negrito Enrique, que siempre estaba donde tenía que estar. Mientras, Valdano seguía corriendo en diagonal, la cancha de punta a punta... Enrique la lleva unos metros y ahí sí mete, en serio, un pase gol: se la da a Jorge con ventaja, adelante, al vacío. Valdano corre, a Schumacher se le escapa otra vez la tortuga, tarda en salirle, y él inclina todo el cuerpo hacia la izquierda, para que la pelota le quede al pie derecho. Lo abre, *tac*, y la clava contra el segundo palo. Gol, golazo. A los diez minutos del segundo tiempo estábamos ganando 2 a 0.

¿Partido definido? ¡Partido definido las pelotas!

A partir de ahí, vuelven a caer como bombas los centros alemanes. Nos atacan por arriba. Y Beckenbauer saca a Magath, que no lo había tocado, y pone al gigante, a Hoeness. Más claro, echale agua. Por eso, teníamos que tener la pelotita. Y llegadas. En una, Valdano casi la clava de cabeza, pero se le va afuera. En la otra, Berni Ulloa, el mismo línea que me había hecho poner el banderín en el partido contra los ingleses, le cobra un *off side* increíble al Negro Enrique.

Faltaban veinte minutos, nada. Me encuentro con Valdano por la derecha, ya Matthäus no me encontraba por ninguna parte. Armamos una jugada bárbara, con él, con Enrique, con Burru y se la pellizcan.

Estábamos para el 3 a 0 y, de golpe, nos ponemos 1-2. Nos quedamos clavados en el arco, dos tipos, uno en cada palo habilitando a todo el mundo y la mete Rummenigge, después de una peinada de no sé quién, ni quiero saber. Y enseguida, otra vez, todos clavados en el área después de un córner, dos cabezazos y, el último, de Vöeller, adentro… 2 a 2. Dos cabezazos en el área, gol.

Me acordé de mi viejo y eso de la sangre de los alemanes, que los tenés que matar y rematar para ganarles. Pero, ¿la verdad?, jamás se me cruzó por la cabeza que el partido se nos escapaba cuando nos empataron. Si ya pedía la pelota, empecé a pedirla el doble. Había que inventar algo, pero enfrente había once. Nosotros teníamos que parecer veintidós. Y eso pasó. El equipo dio la cara, más todavía cuando parecía que lo teníamos casi terminado y nos empataron.

Cuando fuimos a sacar del medio, puse la pelota con rabia en el círculo central y le grité a Burru: "¡Dale, dale que están muertos, ya no pueden correr! ¡Vamos a tocar, a

moverles la pelotita como nosotros sabemos y lo liquida-
mos antes del alargue!".

Tres minutos pasaron de lo que podía haber sido un
cachetazo fatal. Tres minutos y faltaban siete para terminar los noventa. Primero tuve un tiro libre que pegó
en la barrera. Y enseguida, el Negro Enrique, otra vez
el Negro Enrique, apura a un alemán, le gana y me da la
pelota. La pelota pica y a mí me queda picando adelante.
Nadie va a la pelota, todos estaban muertos físicamente.
Yo veo una camiseta celeste y blanca que pasa y, *tac*, se la
tiro. Nadie me gritó ni me la pidió. Nadie. Esa camiseta
celeste y blanca era Burru. *Tac*, rapidita. Cuando veo que
Burru empieza a correr, miro para el otro lado y veo a
uno de verde habilitando a todos. Era Briegel, que estaba
fundido.

Y ahí se fue Burru, derechito al gol. Otra vez se le escapa la tortuga a Schumacher, que no sale nunca, y Burru la
clava. Cómo lo grité, por Dios, cómo lo grité. Si sabía que
no se nos escapaba cuando nos empataron, ¿cómo iba a
dudar ahí? Ya me sentía campeón del mundo, pero Bilardo
nos empezó a gritar que fuéramos a marcar, a marcar... Ya
estaba, yo sabía que ya estaba.

En el control antidoping me lo encontré y charlamos,
porque hablaba perfectamente en italiano.

—Menos mal que nos ganaron 3 a 2, porque si íbamos
al alargue nos metían cinco. No podíamos más, toda la
defensa estaba fundida —me dijo.

Yo los veía colorados de cansancio, es cierto. Nosotros
terminamos corriendo, pero porque mentalmente estábamos muy fuertes. Muy fuertes. Fijate que en la jugada del
penal, el penal que Arppi Filho no me da porque se traga
el pito, yo los pasé por arriba. Hicimos una jugada bárbara
con Valdano y con Burru, paso entre todos, me hace *foul*
pero sigo y lo encaro a Schumacher, justo cuando también

cerraba Jakobs, creo. Le punteo la pelota y Schumacher me lleva puesto. Era penal, viejo. Faltaban tres minutos y no me dieron ese penal, no me lo dieron. Pero no me importaba nada, nada.

"Ya está, Arppi, ya está. Terminalo y dejate de joder", le decía yo al brasileño. Hubo tiempo para que el Tata Brown le ganara la última a Rummenigge y demostrara, como le había dicho en el vestuario, que era el mejor líbero del mundo. Hubo tiempo para que entrara Trobbiani y tirara un taquito espectacular: me habían hecho un *foul* contra el banderín de la mitad de la cancha, era para quedarme a dormir ahí, pero me levanto enseguida y se la tiro de cachetada a Marcelo, que la para y, como si estuviera en el patio de la casa, mete el taco para Enrique, que se va solo, contra Schumacher... Y ganó una, el alemán. Lo único que le faltaba a Enrique, hacer un gol en la final...

Y entonces sí, el brasileño lo terminó. Justo un brasileño, mirá vos. ¡Campeón del mundo, campeón del mundo! ¿Sabés lo que es eso, sabés lo que es ser campeón del mundo con la camiseta de tu país, con tu camiseta? No se compara con nada.

Invictos

Lo dije en su momento y lo digo ahora, treinta años después: ese fue el momento más sublime de mi carrera, no hay nada que se le pueda comparar. Por la forma, además, por la forma, viejo. Terminamos invictos, metimos como catorce goles, nadie nos superó... No sólo fue mi campeonato del mundo soñado: ese fue el verdadero campeonato del mundo de los argentinos. Y ojo, yo le doy mucho mérito a la Selección del '78, porque sin el

Flaco Menotti y sin ese título, nosotros hubiéramos seguido siendo los campeones morales y hubiéramos seguido teniendo las vitrinas vacías. Pero el más luchado, el más sentido, el más merecido y el más indiscutible es el nuestro, el de México 86.

Hablo de ese Mundial y se me ilumina la cara. Y se me va a seguir iluminando hasta el día que me muera.

Apenas pitó, me tiré de rodillas en el pasto. Me vinieron a abrazar, no me acuerdo quién porque invadieron la cancha enseguida. Y lo abracé a Bilardo, sí, cómo no lo iba a abrazar. Lo veo ahora y pienso todavía más que él no se tendría que haber olvidado de todo aquello, de lo que nos costó. Yo también les decía panqueques a los periodistas y les pedí que le pidieran perdón a Bilardo y a todo el equipo. Siempre, cuando hablamos con los muchachos del Mundial, decimos que fue clave habernos vuelto de Barranquilla a México. Ahí ganamos media Copa. Y esa decisión fue nuestra, todita nuestra. El hecho de aclimatarnos; con el correr de los días notábamos que aguantábamos más los entrenamientos, y si aguantábamos más los entrenamientos, aguantábamos más los partidos. De mayo a junio fue eso, dos meses enteritos. Yo me banqué todo lo que me banqué en ese tiempo porque necesitaba ganar. Necesitaba ganar. Yo quería esa Copa para mi país. Para mí y para mis compañeros. Porque éramos muy criticados y queríamos tener una revancha.

Y después me fui al palco, a recibir la Copa. No, no me la dio Havelange: justo cuando yo voy llegando, por el pasillo, se la pasa al presidente de México y él me la entrega. No me importaba quién me la diera, me importaba que me la dieran... La agarré como se agarra a un hijo. Primero la levanté y después me la apreté así, contra el pecho. Sí, como a un hijo.

El primero que llegó fue Nery y se la pasé a él. Storani, el tipo que había mandado el Gobierno, me tocaba el hombro; tal vez me quería decir algo, no sé, no le di bola… Ellos nos habían querido bajar, no tenían derecho a festejar en ese momento. Después de Nery la agarró el Tata, y después todos, todos… Lo único que queríamos era bajar de ese palco para ir a dar la vuelta olímpica.

Apenas pisé el césped otra vez, vino un tipo y me levantó en andas. Lo conocí hace poco, vino como invitado a *De Zurda*, en el Mundial de Brasil. Me acuerdo de que el tipo me pedía los botines, que le regalara los botines… ¡Yo no se los iba a regalar ni loco! Pero ahí, en ese momento, lo manejaba desde arriba como si él fuera un caballo, vení para acá, andá para allá, y lo empujaba con las piernas… Roberto Cejas, se llama, y había llegado a México para la final. Me contó que se había largado al viaje sin entradas, con unos amigos. Eran siete y habían conseguido cuatro entradas, nada más. Y, argentinos, argentinos al fin, se pudieron meter todos. Estuvieron todo el partido detrás del arco donde el Tata hizo el primer gol; pero después, cuando terminó, se metieron a la cancha por un córner. El tipo esperó que recibiéramos la Copa, junto con todos los que habían invadido la cancha. Cuando yo volví al campo, con la Copa en la mano, pensé que me iban a pasar por arriba. Lo encontré a este de frente, era grandote, y le tiré el pase, lo miré como para que me levantara. El tipo metió la cabeza entre las piernas y me levantó. ¡Perdió la peluca! Y yo empecé a ver todo desde arriba… Era un espectáculo, ¡un espectáculo! Enseguida lo vi a Pedro, a mi compañero de pieza, al tipo con el que más habíamos compartido todo ese tiempo y me hice llevar hasta él. Es una de las fotos más lindas que recuerdo.

Era rara la sensación, porque no me quería ir nunca de ahí, de ese momento de felicidad, pero al mismo tiempo quería estar ya en mi casa, en mi país, en la Argentina, para festejar con todos. Era lo único que quería.

Apenas pudimos, nos fuimos a disfrutar de nuestra propia vuelta olímpica en la cancha donde nos habíamos entrenado todos los días. Tranquilos, nosotros solos.

Yo no largaba la Copa ni loco. La llevé abrazada como a un bebé hasta el América. Recién ahí se la presté un ratito a Grondona, que me la pidió. Cuando me la volvieron a dar, no sé por qué, sentí que no era la misma, que me la habían cambiado. No tenía el mismo peso. La Copa que me habían dado en el estadio te costaba sostenerla con una mano. Te tiembla, es pesada. Yo la miraba y no podía creerlo. La movía, es cierto, la movía para darme realmente cuenta de que no era un sueño lo que estaba viviendo.

Que se vayan y no vuelvan más

Llegamos rápido a la concentración. Tan rápido que nos olvidamos de Bilardo. Nadie había hecho las valijas, nada, por cábala. Y nos volvíamos a Buenos Aires enseguida. Pero nos dimos el tiempo para hacer algo que nos habíamos prometido, entre todos: dar la vuelta olímpica en la cancha de entrenamiento. Ahí, solos, nosotros... Habíamos llegado a México el 5 de mayo y era el 29 de junio. Nos merecíamos ese festejo íntimo. Dimos la vuelta y fue la vuelta olímpica más linda de mi vida. Después, nos tomamos todo lo que no habíamos podido tomar durante dos meses. Le había prometido al Profe que, si salíamos campeones del mundo, nos bajábamos una botella de Chivas Regal. Y cumplimos. Se prendieron Bilardo, Madero, Pasculli, Tito Benrós... La tomamos en mi habitación, la que compartíamos con Pedro.

Y esa misma noche, increíble, pero mejor, esa misma noche nos tomamos el avión para Buenos Aires.

A las once de la noche despegamos y todavía me acuerdo cuando el comandante saludó a los pasajeros y dijo: "Es un orgullo volver a casa con la selección campeona del mundo". ¡La selección campeona del mundo! O sea, nosotros. Volvimos en un avión de Aerolíneas, con otros pasajeros, en clase turista. En primera iban los dirigentes. Los jugadores, todos atrás, todos atrás. Con el Cabezón copamos el fondo y hubo otra vez canilla libre de whisky. No parábamos de cantar y de saltar. Arrancamos con "... se lo dedicamo' a todos / la reputa madre / que los reparió" y, cuando les copamos la primera clase, donde estaba el radical Storani, le cantamos la Marcha Peronista. Y a todos los corbatudos, les metimos: "Estos viejos de mierda / no quieren gritar / estos viejos de mierda / no quieren gritar / que se vayan / y no vuelvan nunca más". Mirá vos, ellos pensaban que era en joda. Hoy es un cantito que vale millones de dólares.

En un momento, me desmayé. Con la medalla colgada al cuello y abrazado a la Copa, me dormí. Creo que llevaba más de veinticuatro horas despierto, entre la ansiedad de la noche previa al partido, el partido y el viaje.

Cuando me desperté, ya estábamos aterrizando en Ezeiza. Y de Ezeiza fuimos derecho a la Plaza de Mayo, a festejar con el pueblo, como corresponde.

En el balcón, me sentí Juan Domingo Perón

Al salir al balcón de la Casa Rosada, con la Copa del Mundo en las manos, me sentí Juan Domingo Perón cuando le hablaba a la gente. Siempre fui peronista y voy a morir peronista, por un legado de mi vieja y por Evita. Como somos machistas, todos decimos Perón, Perón, pero Evita fue grande, muy grande. Las mujeres hacen cosas grandes, como las hizo Cristina Kirchner. Por eso yo la banco.

Yo amo el peronismo, y si alguna vez me tiro para la política voy a ir por ese lado. Sé lo que quiero y sé lo que no: por ejemplo, no estoy de acuerdo con lo que pregona Mauricio Macri, el nuevo presidente; no digo nada de la gestión que hizo en Boca, porque le fue bien, pero un país no es un club. Los argentinos nos equivocamos, pero estamos tan vapuleados, que nos podemos llegar a equivocar en una elección y volver a levantarnos. Nos han pegado de manera tan dura que no sabemos para dónde correr. Y mientras esté Macri, no voy a volver a vivir a mi país. Por eso, yo digo: lucha y trinchera. Yo no bajo los brazos, porque me interesa mi país. Yo, después de 2010, me consideré un exiliado deportivo y hoy me considero un exiliado político. Pero, como digo, lucha y trinchera, lucha y trinchera... Ahora y hace treinta años.

Y hay que reconocer que hace treinta años Alfonsín estuvo muy bien, después de la cagada que casi se manda, porque nos dejó el balcón para nosotros. Él no quiso ni aparecer, se quedó en segundo plano. Dicen que no le di la mano y nada que ver, nada que ver. Antes de salir al balcón, cuando nos saludó Alfonsín en uno de los salones, me dio un abrazo y yo me dejé abrazar. Eso sí: la Copa me la quedé yo. Pero acepté ese abrazo porque lo sentí sincero. De un tipo agradecido. Alfonsín sabía mejor que nadie que le habíamos dado una alegría a la gente. Y si la gente estaba feliz, yo estaba feliz. Y la fiesta no era de él ni nuestra: era de esa gente que llenó la plaza y que tenía una ilusión grandísima. Nosotros le dimos una alegría. Yo pensaba en ellos y en mi familia. En nadie más.

Lo recuerdo ahora como lo recordé siempre. Esa sensación no cambió, no cambió para nada: si era por mí, me metía entre ellos, con una bandera, y salía a correr y a festejar. Pero de ahí me fui a mi casa, a Villa Devoto, la misma casa en la que vivieron y murieron mis queridos viejos. Había una multitud en la puerta... ¡más que en la plaza! Y se quedaron un montón de días, días y noches. No lo podía creer. Y una vez hice entrar a dos chiquitos, porque me daba mucha pena. Otra cosa no podía hacer, porque si hacía entrar a todos me derrumbaban la casa. Pero hacer entrar a esos dos fue como un símbolo, como si entraran los demás.

Entonces sentí aquello que conté: junto con la felicidad, un poco de lástima. Porque me parecía demasiado, una exageración. Y dije: yo sólo gané un Mundial, nada más que un Mundial.

Ahora que pasaron treinta años y no se ha vuelto a ganar otro, me doy cuenta de lo que significaba y lo que significa eso para los argentinos.

Capítulo X

El próximo campeón

Yo tengo la camiseta argentina tatuada en la piel, con el 10 en la espalda y la cinta de capitán en el brazo izquierdo. Que no se vea no quiere decir que no se sienta, que no la sienta. Por eso, que hayan pasado treinta años sin volver a ser campeones del mundo me duele mucho. Me lastima el alma. Me habría encantado que la Selección hubiera ganado otro Mundial, conmigo o sin mí.

¿Cómo voy a festejar no haber dado otra vuelta olímpica con esa camiseta? ¿A quién se le puede ocurrir eso?

Hubo uno que escribió, antes del Mundial de Sudáfrica, en 2010, que yo no quería que la Selección, ¡que mi Selección!, saliera campeona del mundo ahí, para que Messi no levantara la Copa, para que Lio no me superara... Pero, ¡cabrón!, si salíamos campeones en Sudáfrica, yo iba a tener otro título más ¡y como entrenador! O sea que, para superarme, si es que yo tenía miedo de eso, siempre según este tipo, Messi iba a tener que ser entrenador después, llegar a la Selección, dirigir en un Mundial y ser campeón. Mirá vos, cómo no iba a querer yo ser campeón en 2010. Yo le puedo decir al que escribió eso que nunca va a saber lo que es defender una camiseta nacional. Y que nunca va a estar corriendo en una cancha o sentado en un banco, poniéndole el pecho a la situación.

El talento no se mancha

Para que quede clarito: yo hubiera querido llegar a este año, 2016, con siete estrellitas más arriba del escudo. Pero no, carajo, tenemos dos, nada más. Y para mí es una puñalada en el corazón.

Se puede explicar, sí, porque todo se explica, pero el dolor es el mismo. Es el mismo. Podría empezar por decir que a los alemanes les dejás una gota de sangre y te vacunan. ¡Te vacunan! Y tres veces, cuatro veces en estos últimos treinta años los tipos se nos cruzaron en el camino y no nos dejaron levantar esa Copa del Mundo que yo levanté por última vez hace tanto tiempo. Si voy de una punta a la otra de la historia, de 1986 a 2014, podría decir que aquella Selección era más fuerte de la cabeza, que llegó a la final en su mejor momento, que fue creciendo a medida que pasaban los partidos y que en la final los alemanes podían asustarnos un poquito, como nos asustaron, pero nosotros nos sentíamos imbatibles.

En Brasil, yo vi a una Argentina cansada, desde el primer partido hasta el último. Creo que hubo cuatro o cinco jugadores que mantuvieron la estabilidad como para decir "Somos Argentina", pero nada más. No doy nombres, pero por supuesto Messi y Mascherano estaban entre ellos, entre los que más pusieron el pecho. Pero los demás, los demás estaban muy cansados. Se había vuelto muy monótono el juego. Si no atacaba Messi, no te levantabas de la silla. Y, ya en la final, cuando Alemania tampoco tenía la fuerza para llegar —porque no la tenía—, la Argentina dependía mucho de Lio, que justo no tuvo su mejor partido. Y lo pudo ganar igual, lo pudo ganar igual… Pero le dejamos una gota de sangre a los alemanes y Götze nos vacunó.

Estuve de acuerdo con la frase que tiró Mascherano, en un momento, y me sirve de nuevo ahora, por los treinta años que han pasado sin festejar: él dijo que se había cansado de comer mierda. Y yo también.

Ese Mundial, el de Brasil, fue muy especial para mí. Hice un programa que amé hacer, como *De Zurda*, con Víctor Hugo Morales, y todas las noches me daba el gusto de recibir a una figura, de opinar. Por supuesto, a la FIFA no le gusta que se opine de la FIFA cuando no es a favor. Y a la AFA tampoco. Encima, me quisieron ensuciar de la peor manera, cuando me trataron de mufa. Los Grondona me trataron de mufa. Entonces les escribí una carta. Para que supieran, todos, lo que sentía. Y para que supieran, también, que no iba a aflojar.

El día que jugué mi partido de despedida, dije que la pelota no se mancha. Hoy lo sigo pensando, no por haber dejado de jugar fútbol, dejé de ser un futbolista. Los muchachos que salen a la cancha representando al seleccionado argentino no son once desconocidos para mí, al contrario, son mis amigos, mis hermanos. Quienes me conocen bien lo saben y, por mi país, por mi familia y amigos, doy la vida, jamás les desearía una desgracia.

Hay que ser muy perverso para afirmarlo. Di, doy y daré la vida por el seleccionado argentino, dentro y fuera de la cancha. Tobillos hinchados, uñas descarnadas, lágrimas de alegría y tristeza deportiva, son los trofeos que alzo en mis brazos.

Porque el talento no se mancha, la magia de un tipo como Lionel Messi es indiscutible, y no es producto de una mufa o suerte, porque si hablamos de suerte, yo soy un tipo afortunado. Siento el cariño de la gente todos los días. Los mismos que me quisieron como jugador me siguen queriendo, lo veo en cada foto, cada firma, cada cancha donde se corea mi nombre, en cada carta que llega a *De Zurda* y cada abrazo que recibo en el planeta.

Estamos construyendo una nueva América Latina, al revés de los poderes que manipulan el mundo. Ellos no nos borran la sonrisa del rostro, ellos no nos quitan la alegría de celebrar un Mundial que está siendo hermoso, y en que la buena suerte de nuestro pueblo no es producto del azar.

La pelota no se mancha, aunque algunos se la quieran comer.

Yo, que les gané a los alemanes en la cancha, también caí con ellos en estos treinta años. Primero, como jugador. Después, como técnico.

En Italia, Grondona regaló la Copa

A Italia 90 llegué impecable, mejor que a México 86. Físicamente. Y futbolísticamente también. Tenía 29 años. Los últimos diez partidos del Napoli los había ganado yo. A México también llegué después de jugar grandes partidos con el Napoli, pero cuatro años después tenía ya dos *scudettos* sobre el lomo. ¡Dos *scudettos* con el Napoli! Y repetí la experiencia con Dal Monte, con Signorini, y volaba más alto que cuatro años antes. Me acuerdo de que teníamos una cinta de correr, ahí en Trigoria, y le hacíamos echar humo. ¡Cómo estaba, por Dios!

Pero así como al Mundial había llegado bárbaro, a la final del '90 llegamos muertos. Yo, desgarrado. Sí, jugué la final desgarrado. Esto no lo había contado nunca. Además de la maldita uña del dedo gordo y del tobillo como una pelota, además de eso. Y de la carga extra de haber dejado afuera a los tanos, claro. Trigoria había dejado de ser el paraíso y se había convertido en el infierno mismo. Más de medio plantel estaba hecho pelota, sin Caniggia, amonestado en la semifinal contra Italia por una boludez. Y encima, Grondona regaló esa Copa. La regaló. Me lo dijo a mí, en la ducha, viejo, y lo voy a seguir diciendo. No me lo contó nadie. Fue el día previo, cuando fuimos a hacer el reconocimiento al estadio Olímpico. Estábamos en las duchas y se me acercó Grondona...

—Ya estamos hechos, Diego. Llegamos a la final...

—¿¡Qué!? ¿De qué me está hablando, Julio?

—Que ya está, hicimos todo lo posible. Mirá dónde llegamos. Y vos estás desgarrado, encima... Estamos hechos.

—Pero, ¿qué le pasa, Julio? ¿Usted no la quiere ganar?

—Lógico que la quiero ganar, pero haber llegado hasta acá ya es un mérito, ¿no? Estamos hechos, Diego.

—¡Hechos, las pelotas! Mañana tenemos una final y nosotros la queremos ganar. ¿Qué? ¿No me diga que usted vendió la final?

Así, juro que fue así el diálogo, chuick, chuick, lo juro por doña Tota y por Don Diego. Y juro que jugué desgarrado contra Alemania, en el posterior. Ni siquiera infiltrarme pudieron, con un desgarro no se podía hacer nada.

Bilardo me dijo:

—Te pongo en el segundo tiempo.

—Me pone en el segundo tiempo y antes lo cago a trompadas.

Creo que les arruinamos un negocio, ¡un negocio grande! Ya estaban hechas hasta las banderitas, mitad italianas y mitad alemanas, para la final que todos querían. Pero los dejamos *fuori* de la Copa y les cagamos muchos *milliardi*, seguro. Les sacamos la final ya vendida por Matarrese.

Rotos como estábamos, esa Alemania no era ni fue más que nosotros. Lo tenían a Matthäus, es cierto, que era mucho más jugador que cuatro años antes y ya no me hacía marca personal a mí, como en México... Manejaba el equipo.

Rotos como estábamos, nos tuvieron que meter la mano en el bolsillo para ganarnos. A ver: el penal no es ni *foul*, no es ni *foul* en la mitad de la cancha. Pero Codesal —que después lo admite el tipo, porque no es que sigue diciendo "Fue penal y se acabó"— lo cobra y después le dan un puesto en México como el capo de los árbitros. Claro, a través de los años vos te vas dando cuenta de que favor con favor se paga. Y que por ese gesto que tuvo de hacer campeón a Alemania hoy sigue ahí, y sigue firme. Esas son las cosas que yo no quiero más para la FIFA. No las quiero más.

En Italia 90, Dalma ya entendía bastante todo lo que pasaba. Bastante. Dalmita hablaba italiano a la perfección. Pero como pasó en México 86, yo no quería que nada ni nadie me sacara de mi objetivo. Por eso, aunque estuvieran en Italia, no iban a la cancha. Lo miraban con Claudia por televisión, desde casa. Se ponían unas camisetas de la Selección que les quedaban tan largas que parecían un camisón y se instalaban firmes frente al televisor. Dalma, cuando me veía jugando, me gritaba "¡Diego / Diego!". Era la única vez que me llamaba así, siempre para ellas fui "Papá". Sobre todo Dalma, que es más tranquila. Salvo cuando aparecí en casa después de perder la final contra Italia.

Yo le había prometido la Copa del Mundo y, cuando le di la medalla de plata, me la tiró por la cabeza. Juro que, en ese momento, lloré más que todo lo que lloré en el mismo estadio. ¿Cómo explicarle que sentía que me la habían robado? ¿Para qué? No festejé aquella medalla de plata, jamás. No quise darle la mano a Havelange, tampoco. Hasta el día de hoy me acuerdo de lo mal que me sentí en ese momento al no poder traerle la Copa del Mundo. No me perdono haberle fallado.

Por qué no volvimos a ser campeones

Después viví el duelo con los alemanes como técnico, también. En 2010, se me manca, se me resbala Otamendi y cabecea Müller, que ya lo teníamos recontra estudiado. Había cuatro marcas previstas, que eran Khedira, Klose, Mertezacker y Müller. Y Müller siempre iba al primer palo… Cuando se resbala Otamendi, y la mete Müller, arrancamos perdiendo uno a cero desde el vestuario. Y ya no lo pudimos dar vuelta…

Yo vuelvo a repetir que metería el mismo sistema táctico y el mismo equipo. Porque me hablan de otro mediocampista, de uno más, pero ¿a quién sacaba de los delanteros? Si yo sacaba a un delantero, se me venían los defensores alemanes. Y se lo discuto a cualquier técnico. Hubo muchos que me criticaron porque puse al Gringo Heinze y a Otamendi de laterales. Si hubiera tenido a Roberto Carlos y Dani Alves, los hubiera puesto, pero no los tenía, no los tenía el fútbol argentino. Ojo, yo me echo la culpa a mí mismo del 4 a 0. Pero no les puedo echar la culpa ni a Otamendi ni al Gringo Heinze. En el diario del lunes, claro, salió que Maradona pasó con más pena que gloria por la dirección técnica de la Selección argentina. Para mí, hicimos un trabajo espectacular.

Y dijeron, también, que Messi no había sido para mí en Sudáfrica 2010 lo que yo había sido para Bilardo en México 86. ¿Saben qué? Soy el primero que está en contra de eso. El primero.

Yo creo que Messi jugó un Mundial excelente. A todos los arqueros que enfrentamos los hizo figuras y los hizo… ¡millonarios! Todos se vendieron después de jugar los partidos de sus vidas y lucirse contra Lio. Que no me vengan a hablar de que Messi jugó una copa mala, por favor. El menos indicado para ser señalado por aquella derrota se llama Lio Messi. Para mí, fue el mejor de la Argentina.

Y volverá a serlo, en otro Mundial, en el futuro. Pero ya voy a volver sobre él. Antes, quiero seguir repasando por qué no fuimos campeones durante todo este tiempo, en qué fallamos.

La maldita efedrina

En Estados Unidos 94, si nosotros seguíamos jugando como veníamos jugando, sin que me sacaran a mí, íbamos a ser campeones, no tengo ninguna duda. Porque le habíamos agarrado la mano con el Coco Basile en el ataque, que era tremendo, y en el retroceso, que ahí podíamos quedar expuestos por los nombres que poníamos en cancha. Si vos leés Simeone-Redondo, Maradona-Balbo, Caniggia-Batistuta, lo primero que preguntás es "¿Y quién carajo marcaba?". Y la respuesta es que la pelota la teníamos siempre nosotros. Era un equipazo.

Y sí, sí me sentí perseguido en aquel Mundial. Yo ya me sentí perseguido después de haberles dicho a los dirigentes que ellos tomaban champagne y comían caviar mientras nosotros nos matábamos adentro de la cancha. Desde que dije eso por primera vez, me sentí perseguido. Pero sigo diciendo lo mismo a propósito de aquello: la verdad, la única verdad del Mundial '94, es que se equivoca Daniel Cerrini, pero lo asumo yo, esa es la única verdad... Nadie me había prometido nada, como se dijo por ahí, que la FIFA me había dejado el camino libre para hacer lo que quisiera y después me engañaron con el control antidoping. ¡No, eso es una mentira enorme!

Lo único que le pedí a Grondona, después, cuando todo pasó, fue que tuvieran en cuenta que no había intentado sacar ventajas, que me dejaran seguir, que me dejaran terminar mi último Mundial. Que hicieran lo mismo que habían hecho con el español Calderé en México, por favor se lo pedí... No hubo forma: me dieron un año y medio por la cabeza, un año y medio por tomar —sin saberlo— efedrina, lo mismo que toman los beisbolistas, los basquetbolistas, los jugadores de fútbol americano en Estados Unidos, justo ahí donde estábamos... Y lo peor es que yo ni me había enterado de que usé efedrina: yo jugué con mi alma, con mi corazón. Todo el mundo futbolístico sabía que para correr no hacía falta la efedrina, ¡todo el mundo!

Yo llegué al Mundial limpio como nunca, como nunca... Porque sabía que era la última oportunidad de decirles a mis hijas: "Soy un jugador de fútbol, y si ustedes no me vieron, me van a ver acá". Por eso, por eso y no por otra cosa, no por alguna gilada que se dijo por ahí, grité el gol contra Grecia como lo grité. ¡No necesitaba droga para tomarme revancha y para gritarle al mundo mi felicidad! Y por eso lloré, y voy a seguir llorando: porque éramos campeones mundiales y nos quitaron el sueño.

Me acuerdo como si fuera hoy, y se me vuelven a llenar los ojos de lágrimas, cuando se me acercó Marcos Franchi con una cara que parecía que se había muerto alguien. Yo me estaba cagando de risa, para variar, con el Vasco Goycochea y su mujer, Ana Laura. Con la Claudia, con mi viejo... Me dijo que tenía una mala noticia y yo no sabía ni por dónde venía. ¡Me había preparado tanto para ese Mundial, tanto! Era mi regreso, era mi revancha. No terminó de decirme que mi control antidoping contra Nigeria había dado positivo... "Ma, nos vamos del Mundial", le dije a la Claudia, cuando Marcos todavía no había ni terminado la frase. Él quería explicarme que los dirigentes estaban trabajando con el tema, que lo estaban tratando bien. Yo no le creí nada desde el arranque. Nada. Es el día de hoy que no les creo nada. Es el día de hoy que me dan ganas de agarrar todos los papeles, todas las pruebas, llamar al doctor Peidró, que era el único que la tenía clara, y volver a abrir la investigación.

Pero en ese momento no creía en nada ni en nadie. Era el fin del mundo. Por eso, me fui a la habitación, me encerré, empecé a pegarles piñas a las paredes, gritando y llorando, gritando y llorando... Ufff, me imaginaba todo lo que se me venía encima, todo. Pero más me imaginaba cómo les iba a pegar la noticia a mis compañeros. Estábamos en Boston, felices, y teníamos que viajar hasta Dallas, para el partido contra los búlgaros. Era una tortura pensar en las horas que se venían. Me acuerdo cuando llegué a Dallas; todos los medios ahí, toda la gente... Una ilusión tremenda. Y yo tapándome con anteojos negros porque había llorado como un loco, y una cara de orto que no tenía nada que ver con el capitán del equipo que mejor había jugado hasta ahí en el Mundial. Es que yo sabía todo y casi nadie sabía nada. Fue una tortura, una tortura.

Juro que lo vuelvo a contar y se me vuelve a hacer un nudo en la garganta, como cuando hablé después, en aquella nota que pasaron por televisión mientras mis compañeros cantaban el himno. Aquella vez que dije: "Me cortaron las piernas". Porque eso sentía, que me las habían cortado. Y que Grondona, por ejemplo, podía haber hecho más por mí. Arrancó bien, pero después me dejó. Deluca estaba también. ¡Mirá vos, Eduardo Deluca, que hoy está procesado! "Deluca, por mis hijas...", le pedí. No me dieron bola, nadie me dio bola. Y tenían argumentos para defenderme... ¡No había tomado cocaína, carajo, no era reincidente de nada! Y tampoco había tomado nada que me ayudara a correr más.

No me siento ni más ni menos culpable que entonces. Siento que alguien cometió un error y que ese error se podía explicar. Faltaba más de medio Mundial, pero estábamos tan bien, las sensaciones eran tan buenas, que antes de aquel partido contra Bulgaria y después de haberles ganado a Grecia y a Nigeria ya podía sentirme en la final. No sé, estábamos lejos todavía, pero siento que nunca estuvimos tan cerca de volver a ser campeones, y eso que hubo dos finales en estos treinta años, la del '90 y la de 2014. Digo que estábamos cerca por la forma en la que jugábamos.

Después vino Francia, en el '98, cuando yo ya me había

retirado. La primera vez que me tocó ver un Mundial desde afuera, en serio. Durísimo. Ese equipo de Passarella era un buen equipo, con personalidad, pero pasó que una jugada, en un Mundial, te puede cambiar todo. Estuve aquella tarde en Marsella, contra Holanda. Un pelotazo larguísimo para Bergkamp, que si hubiese sido otro jugador no la agarra; pero nos tocó Bergkamp, acompañaron Ayala y Chamot, Bergkamp la bajó con la punta de los dedos y le definió a Roa. Yo creo que ahí se hizo un buen Mundial.

A Japón, en 2002, los jugadores llegaron saturados. Con todo el respeto que me merece Bielsa —por todo lo que me contó el Gringo Heinze, por el trabajo que sé que hace, por los entrenamientos, porque me parece un técnico espectacular—, me parece que ahí la pifió. Adelantó los tiempos de entrenamiento. Argentina jugaba rápido, más a querer matar los partidos que a tener la pelota… Y así nos fue. Éramos los máximos favoritos y nos fuimos muy rápido, como Francia, igual que en Francia.

En Alemania 2006 nos tenemos que quedar en una jugada fundamental, que es cuando sale el Pato Abbondanzieri para que entre otro arquero, Franco. Creo que ahí es donde le erra el técnico. "No salís", tendría que haberle dicho Pekerman. "No salís." Porque en cualquier momento le metíamos a Messi y les ganábamos el partido. Lo explico: Ballack tenía las medias en los tobillos, Alemania venía de esfuerzos grandes, tenían mucha presión y ya no podían… No le iban a patear al arco. Abbondanzieri sabrá por qué salió y, bueno, tampoco se le puede echar la culpa a él por una copa no ganada, no se le puede echar la culpa a un arquero. Pero fue una jugada fundamental. Estaba para campeón ese equipo. Si pasaba esos cuartos de final, ya no frenaba más.

¿Maradona o Messi? ¡Maradona y Messi!

Muchos me preguntan si el Messi del 2006 fue el Maradona de España 82 y, sí puede ser. Pero ahí ya caeríamos en que el Messi de 2010 tendría que haber sido el Maradona de México 86 y no estoy tan de acuerdo. Los Mundiales son todos distintos, totalmente. Los Mundiales se ganan concentrados y con espíritu de equipo.

Por eso yo no respondo a la pregunta "¿Maradona o Messi?". En todo caso, respondo "Maradona y Messi". Cada uno tiene su lugar de gloria con la camiseta número 10; yo me divertí mucho, gocé mucho. Y no tengo por qué sentir envidia por Lio, que ahora la tiene. Así como digo que Riquelme fue el mejor número 10 que tuvo Boca, la Selección argentina tuvo y tiene los número 10 que saben llevar la camiseta.

Messi, hoy, puede ir y levantar la Copa del Mundo en Rusia. Lo único que le diría es que se prepare él solo. Como hice yo con el profesor Dal Monte, antes de México, que se prepare él solito para el Mundial de Rusia. Porque con el Barcelona está sobrado, está más que hecho, no tiene ningún problema, ya ganó todo lo que tenía que ganar y puede decir, como yo le dije al Napoli: "Los quiero mucho, ya les di un montón, pero ahora mi prioridad es la Selección". Y así puede ir y levantar la Copa en Rusia. Es fundamental que él se prepare mental y físicamente para su última oportunidad. No tiene que empezar ya. No. Pero cuatro o cinco meses antes, sí.

Y lo entiendo cuando dice que cambiaría sus cinco Balones de Oro por un Mundial. Es sincero. Y tiene razón: los cinco Balones de Oro de Messi no creo que lleguen al peso que tiene la Copa del Mundo.

No hablo por envidia. Gané un solo Balón de Oro, es cierto. Y honorífico. Me lo entregaron en 1995, cuando ya había vuelto a la Argentina, a jugar en Boca, y los organizadores, tanto la FIFA como la revista *France Football*, decidieron cambiar la reglamentación, hacerla más universal, más global, más... en serio. Hasta ahí, tenías que ser europeo para ganar el Balón de Oro. Igual, dos argentinos se habían metido, porque habían jugado en selecciones de allá. Dos grandes, Alfredo Di Stéfano, en el '57 y en el '59, y Enrique Omar Sívori, en el '61. A mí nunca se me ocurrió jugar para otra selección que no fuera la Argentina y menos nacionalizarme, pero un par hubiera ganado, ¿no?

Pienso, hago el jueguito. ¿Cuándo lo hubiera ganado? Y... Desde el '83 para adelante, varias veces.

¿En el '83 se lo dieron al frío de Platini? Hice cosas buenas en el Barcelona, me había recuperado de la hepatitis y todavía no se me había cruzado el Vasco Goikoetxea. Le podría haber ganado yo, uno. Anotá el primero.

¿En el '84 otra vez al francés? Ponele que no, porque me fui del Barcelona ese año, en medio del quilombo y después de la fractura. Sigo con uno, está bien.

¿En el '85, otra vez a él? Eeehhh, ¿qué pasa, viejo, lo había comprado? Está bien, sigo con uno.

¿En el '86, Belanov, ¡Igor Belanov!? ¿¡En el '86!? Bueno, ahí no hay dudas, ¿no? El año del Mundial, con la Selección argentina, por si no se acuerdan. Sumo. Dos Balones de Oro.

¿En el '87, Gullit? ¿Y yo, papá? ¡Campeón con el Napoli! Había que salir campeón con el Napoli, eh, y después de ser campeón del mundo. Tres. Tercer Balón de Oro.

¿En el '88, Marco van Basten? Está bien, ganó la Euro. Pero fue un gran año mío ese. Cuarto. Cuatro Balones de Oro.

¿En el '89, otra vez Van Basten? Ganamos la UEFA con el Napoli. Podría haber sido mi quinto, ya.

¿En el '90, mi amigo Matthäus? Es cierto, nos ganó el

Mundial con Alemania. Pero yo gané el *scudetto* con el Napoli y fuimos subcampeones del mundo. Sexto Balón de Oro.

¿En el '91, el francés Jean-Pierre Papin? Ya les costaba encontrar europeos, ¿eh?

No digo todo esto para faltarle el respeto a Messi. Ni mucho menos. Es más, hablé de Messi cuando nadie hablaba. En 2005, me preguntaron por él.

"Messi es distinto. Tiene una marcha más. Es guapo, es... no porque los demás no lo sean, ¿eh?, pero nosotros nos pasamos tanto tiempo buscando un Maradona que por ahí los frenamos a los pibes. Ojo, frenamos a pibes que nos llenaron los ojos y nos llenaron el corazón, pero que tocaron un techo. Siento que Messi no tiene techo todavía, ¿entendés? Yo siento que Messi es el distinto que estábamos esperando", contesté. Buscá, buscá, está en los archivos.

Ojo, Messi todavía no era Messi en esa época. Ahora hablan todos, ahora es fácil. Pero yo ya le veía algo distinto. El trato con la pelota era distinto, la velocidad con la que llegaba para encarar a los europeos era distinta. No se detenía, no se detiene. Por eso yo digo que a él le gusta mucho más el arco que a mí. Yo me detenía más en el juego, más en crear que en hacer goles. Supongo que él también, pero a mí me gustaba hacerlo goleador al número 9. Yo tenía más visión del campo; él tiene más visión del arco.

Creo que dentro de unos años estaremos hablando de un Lio todavía más completo. Tal vez con menos gol, pero seguramente con más juego. Si bien hay un techo que marcó, porque no se puede hacer tres goles por partido todos los partidos, pero va a ser un jugador más completo. Porque los años te van restando velocidad, pero te van sumando experiencia para evitar fricciones innecesarias. Ya lo pensás más. Tirás paredes cuando hay que tirar: hoy tira setenta paredes por partido; por ahí en el futuro tire treinta y sea un jugador más completo, que baje a buscar la pelota a la mitad de la cancha, que patee tiros libres, que cambie de frente.

Yo hoy veo que a los tiros libres de Lio todavía no les temen. A mí me temían. Había lugares de la cancha donde los arqueros decían "la voy a buscar adentro". Pero en los mano a mano, Lio sí que les encontró la vuelta a los arqueros: tiene el tiempo y la velocidad mental como para jugársela a un costado, para enganchársela o para tirársela por arriba, que lo hace como nadie.

Somos distintos, de eso no cabe duda. Seguro. Y eso tiene mucho que ver con la personalidad. Él se toma las cosas con mucha más tranquilidad que yo. En eso, Lio, mentalmente, para tomar decisiones, va en cámara lenta. Yo, para tomar decisiones, era un rayo. Hablo de la personalidad. Ojo, lo digo porque lo conocí como pibe y lo conocí como jugador. Quizá la diferencia que hay es que él toma las decisiones mucho más rápido dentro de la cancha que afuera. Afuera hace lo que se le canta también, ¿eh?, pero está claro que tiene una vida más tranquila que la mía.

Yo tuve que armarme mi equipo, mientras Lio encontró un Barcelona superpoderoso. Pero, ojo, él no tiene la culpa de eso, al contrario. Él se sumó a ese equipo y marca diferencias.

No creo que Messi pueda hacer lo mismo que hice yo en el Napoli. Pero no por falta de talento. Por personalidad. Pero sí estoy seguro de que se divierte jugando al fútbol tanto como me divertía yo. También somos distintos en la rebeldía. Yo era rebelde adentro y afuera de la cancha. Siempre digo, y lo sostengo, que me hice más daño a mí mismo que a los demás. Pero hice lo que sentía. Lio no es rebelde afuera de la cancha, pero se hace respetar.

Por ejemplo, le vino muy bien la capitanía. Y quiero recordar que esa capitanía no se la dieron ni Sabella ni Bilardo; se la di primero yo. Se la di porque veía que se enojaba cuando no se la daban en los entrenamientos. Esa es su rebeldía: hacerles ver a sus compañeros que lo tienen que buscar a él. Yo creo que es como un líder de la Play. En la concentración, juegan treinta partidos y el que gana 16-14 es el mejor. En la cancha, Lio es un jugador de Play y los compañeros entienden que se la tienen que dar a él para que resuelva las cosas. No lo veo como un líder que pedía sentarse con Grondona como lo hacía yo, porque no está en su forma de ser. A pelearse con uno como Grondona irá otro, pero él sabrá todo. Pero sí lo veo, como lo vi, mostrando su rabia en la cancha. Eso sí: no creo que le guste ganar tanto como a mí. No creo...

Las comparaciones que se hacen me parecen pelotudas. Porque las hacen los anti Maradona o los anti Messi. Y entonces a él le dicen que es un catalán que no sabe el Himno y a mí que soy un drogón. Yo me quedo con la comparación que hizo Arrigo Sacchi, un tipo al que quiero mucho, que fue mi gran rival como entrenador del Milan en mis años del Napoli, pero entiende todo.

El tipo escribió en *La Gazzetta dello Sport*:

Maradona y Messi crean espectáculo, verlos es una alegría también para los adversarios. Maradona fue el intérprete único del fútbol de hace veinte o treinta años. El juego se confiaba más a la habilidad de una individualidad que a una idea de base y a entrenamientos colectivos. De la nada, podía inventar siempre cualquier cosa. Podía jugar en cualquier equipo y volverlo especial. Messi es hijo de nuestros tiempos, ama el fútbol y lo interpreta con profesionalidad y entusiasmo. Su enorme talento es menos instintivo y más cultivado por años de una escuela futbolística. Él se conecta magistralmente con el propio equipo y dentro de esa espléndida orquesta emite acordes extraordinarios. Messi saca ventajas de la sinergia con el equipo para sacar ventajas. Maradona era más autónomo y autosuficiente. Lionel, a diferencia de Diego, no tiene contraindicaciones, pero quizá no tenga todavía su personalidad. Messi es más respetuoso de las reglas, más profesional y menos showman. Pero los dos, cada uno a su manera, aman el fútbol. Marcarán una época y dejarán una señal indeleble en lo más grande de la historia del fútbol.

De acuerdo, en todo. Somos distintos entre nosotros y distintos a los demás. Alejandro Dolina, un grande de la radio al que quiero mucho, mucho, dijo una vez algo que me llegó. Le estaban haciendo una nota en televisión y hablaba maravillas de Messi. Maravillas. Bueno, las maravillas que Messi se merece. Media hora hablando de Messi. Y de golpe, Alejandro Fantino, que era el que lo estaba entrevistando, le preguntó.

—¿Y Maradona?

—Ah, no, bueno, Maradona es otra cosa… Mirá: lo bueno de Messi es que lleva años jugando, años. Para darme cuenta que es el mejor del mundo, lo tengo que ver un año entero. A Diego, en cambio, me bastaba verlo en una sola jugada.

Me encantó. Muy futbolero, Dolina. Eso sí, mejor hablando que jugando, eh, porque una vez hicimos un picado juntos, en Punta del Este, y todavía está tratando de parar la pelota.

Para levantar de nuevo una Copa del Mundo

Antes del Mundial de Brasil, dije que Messi no necesitaba ganarlo para ser el mejor jugador del mundo. Ya lo era, y lo sigue siendo. No tiene nada que ver, no confundamos gordura con hinchazón. Ganar el Mundial hubiera sido bárbaro para la Argentina, hubiera sido bárbaro para los hinchas y hubiera sido bárbaro para Lio. Pero un Mundial más o menos no le va a quitar ni uno solo de los méritos que hizo hasta ahora para estar donde está. Y está con los mejores de los mejores. Que son los que todos dicen. Di Stéfano, Pelé, Cruyff, me ponen a mí... Y él. Tres argentinos. ¡Tres argentinos! Eso es lo que tenemos que tener en cuenta.

Cada uno marcó su época, cada uno marcó su época peleándoles el trono a los otros. Algunos, como Messi, en un mano a mano con Cristiano. En nuestra época había mucha variedad para ser el mejor. Nosotros éramos muchos más para competir. Rummenigge, Zico, Platini. Había mucha más variedad para pasar, para llegar a ser el mejor.

Y yo, de distintas épocas, agregaría a otros tipos. A Rivelino, por supuesto, que fue mi ídolo. Un crack, me encantó sentarme con él en *De Zurda*, en el Mundial. A Rummenigge, a Romario, a Ronaldo, a Ronaldinho, a Del Piero, a Rivaldo, a Totti.

Reconozco que en muchos casos me pueden el corazón. Me pueden. Los quiero. Algunos me llegan más afectivamente, tengo debilidad por ellos.

Así como con Pelé la cuestión es distinta, más extrafutbolística. Yo a Pelé casi no lo vi jugar, pero el hecho de volcarse hacia los dirigentes y dejar de lado los jugadores de fútbol es una guachada de parte de él. Que no le voy a perdonar nunca y que lo diferencia mucho de mí. Él tiene que saber que lo hicieron grandes sus compañeros; no hubo ningún dirigente que le haya hecho un pase, que lo haya hecho grande a Pelé. Y él se olvidó de eso.

Pero todo eso es historia, y la verdad es que también quiero hablar para adelante. ¿Qué tenemos que hacer para volver a ser campeones del mundo?, me pregunto.

Y me respondo. Para ser campeones del mundo de nuevo, primero y principal tenemos que hacer una AFA seria. Terminar con los amiguismos. Y terminar de decir eso de que este tipo, porque ganó, tiene que estar. Que esté el que ganó, sí, pero que ganó trabajando. Ganó porque tenía un proyecto. Y en la AFA, hoy, no hay proyecto; no existen los proyectos.

Yo les diría a los que comandan la AFA ahora que ya no es más la AFA. Que la destruyeron. Que ya es cualquier cosa. Si 38 más 38 suman 75, entonces estamos muy mal, ¡estamos muy mal! Lo que pasó en las elecciones dio la vuelta al mundo y fue un papelón.

Estamos peleando por el poder y por la guita, en vez de pensar cómo hay que hacer para levantar de nuevo una Copa del Mundo.

Y eso me da mucha bronca. Aparte, nosotros, como país, tenemos que volver a recuperar nuestras raíces. Nuestras raíces dicen que antes los equipos chicos se bancaban con los equipos grandes. Y hoy ves los partidos por televisión, ves esas tribunas sin hinchas visitantes, y parece un partido de solteros contra casados, de entrecasa. De esas cosas hablo cuando hablo de bancar. La competencia interna bajó mucho el nivel, en juego y en presentación.

Y tengo que decir que todo lo que pasa en la AFA y también en la FIFA es pura y exclusivamente grondoniado. Blatter y Platini, con Grondona, están todos juntos en la misma mierda. Y no tengo dudas de que, si no se hubiera muerto, el primero al que se hubiera llevado la Interpol habría sido a Grondona. El primer detenido por Interpol se habría llamado Julio Humberto Grondona. Que eso no le quepa la menor duda a nadie.

Blatter fue lo que fue por Grondona. Y en estos últimos treinta años sin salir campeones del mundo con los grandes ellos nos arreglaban con los Juveniles, ganando con Juveniles. Fueron treinta años, muchachos. ¡Treinta años! Durante toda la época que estuvo Grondona en FIFA no ganamos una Copa del Mundo.

Ahora ya no está. Y hay que hacer todo de nuevo. Todo.

El seleccionador de la mayor tiene que llevar su staff hasta el Sub 15. Basta con eso de que uno juegue con línea de 3 y los otros jueguen con línea de 4. Basta de experimentar. Basta.

Haría como hicieron los alemanes. Un plan que arranque en los pibes y que suba. Empezar a trabajar con los chicos. No puede ser que lleguen a primera y no sepan pegarle a la pelota. No puede ser. No puede ser que no salgan marcadores de punta, enganches. No puede ser. Sería un buen comienzo.

O como los ingleses hicieron con los *hooligans*, por el tema de la violencia. Los *hooligans* iban y rompían todo en todos lados. No te podías sentar al lado de otro con otra camiseta porque te pegaban con una cerveza en la cabeza. Y hoy es un deleite ver un partido de la Premier, como lo hago yo cada vez que viajo, o por televisión, desde Dubai. Un deleite.

El fútbol argentino tiene un estilo

Yo no digo que haya que copiar a nadie. Pero hay que mirar lo bueno de cada cosa y hacer lo que mejor se adapte al fútbol argentino y lo que el fútbol argentino necesite.

Y claro que el fútbol argentino tiene un estilo. Y ese estilo hay que recuperarlo. Yo lo defino así: menottista. Quiero decir que nosotros, cuando realmente empezamos a competir con las grandes potencias, fue cuando el Flaco Menotti se puso a trabajar en serio con los jugadores en el '74, antes del Mundial '78. La Selección nacional como prioridad número 1. Y que los jugadores de fútbol crezcan y se desarrollen en casa.

Yo fui intransferible, sí. A mí alguna vez me declararon

intransferible. Y me hicieron enojar, pero tenían razón. Hoy, si yo lo dejo a Benjamín, mi nieto, tengo a veinticinco empresarios en la puerta de la casa de mi hija para llevárselo o para comprarle el pase. ¡Basta! ¡Seamos serios! Hoy, un jugador como Calleri tiene que pasar por Termas de Río Hondo para venderlo al Inter, que después lo presta al Bologna y termina en el San Pablo. Están de joda, ¿qué quieren inventar? El agua caliente ya está inventada, muchachos.

Para todo eso hay que trabajar desde abajo. Lo que tenemos que hacer es alinearnos y ponernos de acuerdo en un proyecto serio de inferiores, de esas inferiores que se perdieron o se están perdiendo. Sobre todas las cosas, no podemos dejar ir a los chicos antes de los 16 o 17 años. Hay jugadores argentinos a los que quieren nacionalizar porque no jugaron nunca en la Selección argentina. Claro, si se los llevan a los 12 años. No tienen el sentimiento. Al menos, que tengan ya un recuerdo de la camiseta argentina.

Eso es lo mínimo. Y pediría otra cláusula: jugador que tiene representante antes de los 17 años, no puede jugar en su selección, no puede. Los padres tienen que criar a los hijos, no los hijos a los padres.

Por eso, no vayamos a buscar a un salvador. Ni en la familia en particular ni en el fútbol en general. No hagamos eso. Y es mi última respuesta, mi última propuesta. Porque, para cerrar, les dejo una pregunta que nos tenemos que hacer todos si queremos un fútbol argentino mejor, otro campeón del mundo, si no queremos que pasen otros treinta años sin levantar la Copa. La pregunta, hecha desde el corazón, es: Y después de Messi, ¿qué?

ÍNDICE